Début d'une série de documents
en couleur

COUVERTURES SUPERIEURE ET INFERIEURE D'IMPRIMEUR

Fin d'une série de documents
en couleur

LA VIE
D'UN MATELOT

8ᵉ SÉRIE IN-8°.

Propriété des Éditeurs.

FENIMORE COOPER

LA VIE
D'UN MATELOT

TRADUCTION REVUE.

LIMOGES
EUGÈNE ARDANT ET Cⁱᵉ, ÉDITEURS.

LA VIE

D'UN MATELOT

En publiant la vie d'un matelot, je ne crois obéir à aucun sentiment de vanité. J'aime les mers; c'est un plaisir pour moi d'en parler, de décrire les scènes dont j'ai été le témoin, les périls que j'ai affrontés en diverses parties du monde. Qui me blâmerait de vouloir raconter mes aventures ? Mon vieux compagnon Cooper, que j'ai eu le bonheur de retrouver, se charge de donner une forme convenable à mes écrits; mon exemple peut être profitable et servir de leçon à ceux qui suivent la même carrière que moi : mon entreprise n'a donc point d'inconvénient, et il est même vraisemblable qu'elle produira de bons résultats.

Je ne connais ma famille que par mes souvenirs d'enfance et les détails que m'a donnés ma sœur. Je me rappelle un peu mon père; mais j'ai complètement oublié ma mère, que j'ai perdue sans doute dès ma plus tendre enfance. Je vis souvent mon père jusqu'à ce que j'eusse atteint ma cinquième année. Il était officier dans le 1er régiment de ligne, au service du roi d'Angleterre. J'ai entendu dire qu'il était fils d'un ministre protestant hanovrien; ma mère, à ce qu'on m'a dit, était également originaire d'Allemagne, mais les autres personnes de ma famille avaient peu de renseignements sur son compte. On me l'a dépeinte comme vivant séparée de mon père, ayant des occupations distinctes, et pleine d'aversion pour l'état militaire.

Je naquis à Québec en 1793, mais il me serait impossible de préciser la date de ma naissance.

Je fus baptisé dans la religion anglicane, et, si j'ajoute foi à ce qu'on m'a toujours raconté, je fus tenu sur les fonts par Son Altesse Royale l. prince Édouard, colonel du 1er régiment, père de la reine Victoria. J'eus pour second parrain M. Walter, major du 23e de ligne, et sa femme pour marraine. Mon baptême se fit à Québec, et l'on me donna les prénoms d'Édouard-Robert. Je suis connu dans la marine sous le nom d'Édouard Meyers, ou, par abréviation, Ned Myers.

Avant d'être assez âgé pour que mes impressions fussent durables, le régiment partit pour Halifax. Mon père le suivit, emmenant à la Nouvelle-Écosse ses deux enfants, ma sœur Henriette et moi. Nous y séjournâmes longtemps. Le prince Édouard avait une résidence en ville et une maison hors des murs, où demeurait avec lui une dame inconnue. Le prince me témoignait de l'intérêt, me prenait dans ses bras et m'embrassait. Quand il passait devant notre maison, je courais à lui, et il m'emmenait promener. Plus d'une fois il envoya chercher le tailleur du régiment, et commanda des habits pour moi. C'était un homme d'une haute taille, d'une physionomie imposante, et qui portait une croix sur la poitrine.

Ma mère mourut probablement pendant que j'étais à Alifax, que mon père quitta quelque temps avant le prince. Le major Walter partit aussi pour l'Angleterre, laissant sa femme à la Nouvelle-Écosse. Depuis je n'ai plus revu mon père. Ma sœur reçut un jour une lettre d'un ami de Québec, par laquelle on lui mandait que monsieur Meyers était mort dans un combat, et que nous devions faire valoir nos droits à son héritage. Néanmoins, nous n'avons jamais donné de suite à cette ouverture, et mon vieux compagnon Cooper pense que nos réclamations auraient été inutiles. Avant son départ, mon père nous avait mis en pension, Henriette et moi, chez M. Marchinton, ministre anglican, qui prêchait dans une chapelle dont il était propriétaire. Il prit soin de nous, et nous envoya tous deux à l'école.

J'étais encore en 1805 sous la tutelle de monsieur Marchinton; ayant peu de goût pour le travail, mais en revanche une inclination prononcée pour la vie oisive et indépendante, je supportais impatiemment le joug du maître d'école et de l'homme auquel mon père m'avait confié. Sans avoir de légitimes griefs contre M. Marchinton, je trouvais sa discipline trop rigoureuse, sa morale trop sévère, ses ordres trop absolus. On ne pouvait me reprocher ni vices ni duplicité; mais j'aimais à faire mes volontés, et tout enseignement religieux m'était à charge. Enclin à jouer et à courir les rues, je détestais M. Marchinton pour cela seul qu'il me retenait à la maison. Peut-être me traita-t-il avec trop de rudesse; mais je crois devoir avouer que la nature m'avait doué d'une humeur inconstante et vagabonde.

A cette époque les croiseurs anglais envoyaient à Halifax un grand nombre de bâtiments américains qu'ils avaient capturés. Notre maison était située près du rivage, et je rôdais volontiers sur les quais toutes les fois que l'occasion s'en présentait. Je retrouvai un de mes condisciples du nom de Bowen, un peu plus âgé que moi ; il était aspirant à bord d'une frégate et chef de prise d'un brick chargé de café. Aussitôt que je sus l'arrivée de Bowen, je m'empressai de lui rendre visite. Il encouragea mes désirs naissants de devenir marin ; j'écoutai avec avidité le récit de ses aventures, et je sentis en moi s'éveiller une émulation juvénile. M. Marchinton semblait s'opposer à mes vœux, dont la ferveur redoublait en proportion des obstacles apparents qui s'opposaient à leur réalisation. Bientôt je commençai à grimper sur les gréements du brick et à monter jusqu'au haut des mâts. Un jour M. Marchinton m'aperçut à l'extrémité de la hune, et, m'ordonnant de descendre, il me tança vertement de mon agilité. Les punitions produisent parfois un résultat tout opposé à celui qu'on en attend ; c'est ce qui arriva en cette occasion. Les coups que m'avait administrés mon tuteur augmentèrent mes inclinations maritimes, et je me mis en tête de fuir, tant pour aller en mer que pour me soustraire à une réclusion qui me paraissait intolérable.

Mon projet d'évasion fut mis à exécution dans l'été de 1805; j'avais alors onze ans à peine. Un jour, au marché, j'entendis des matelots américains parler d'un schooner qui était sur le point de mettre à la voile pour New-York. Je jugeai l'occasion favorable, et me rendis immédiatement à bord du bâtiment. Le second était seul, et rassemblant mes forces, je lui demandai s'il avait besoin d'un mousse. Mon costume et mon extérieur étaient contre moi, car mes habits, qu'aucun travail n'avait détériorés, indiquaient une classe supérieure à la mienne. Le second se mit à rire, me plaisanta sur ma prétendue vocation, et m'interrogea sur mes connaissances. Voyant que j'avais produit peu d'effet, je recourus à la séduction. Le prince Édouard, avant de quitter Halifax, m'avait fait présent d'un beau petit fusil de chasse; je dis au maître que je le lui donnerais s'il consentait à m'embarquer secrètement sur le schooner et à me conduire à New-York. Il mordit à l'hameçon, et me dit de lui faire voir cet objet; je le lui apportai le soir même, et il en fut si enchanté, qu'il conclut le marché sur-le-champ. Je revins au gîte et réunis mes hardes. Je savais que ma sœur Henriette me faisait des chemises; je me glissai dans sa chambre, j'en trouvai deux et je les emportai. Ma garde-robe n'était pas considérable; j'en déposai les pièces une à une dans un tonneau vide, puis j'en fis un paquet que je portai à bord. Le second nettoya un équipet rempli de pommes de terre, et m'avertit qu'il fallait me résoudre à passer quelques heures dans cette étroite armoire.

Trop irréfléchi pour soulever des objections, j'y consentis avec joie, et pris congé de lui après m'être engagé à revenir le lendemain matin.

Au moment de me coucher, je priai un nègre, domestique de M. Marchinton, de me réveiller à la pointe du jour, sous prétexte que je voulais sortir et aller cueillir des fraises. Grâce à mon exactitude, je fus debout et habillé de pied en cap avant qu'aucun membre de la famille eût bougé. Sans perdre de temps, je quittai la maison et me rendis résolument à bord du schooner. Tout l'équipage dormait, et ce fut moi qui me chargeai d'éveiller le second. Il avait envie de rompre son engagement, et il me fallut employer toute mon éloquence pour le sommer de tenir sa parole. Il aurait voulu pouvoir rester maître du fusil de chasse sans favoriser ma fuite. Enfin il céda, et me cacha dans l'équipet sous un amas de pommes de terre.

Je demeurai longtemps dans ma désagréable position, avant que le bâtiment fît le moindre mouvement pour s'éloigner du quai. J'étais déjà las de ma réclusion, et l'amour du changement se ranimait en moi sous une nouvelle forme. Les pommes de terre me pesaient lourdement sur le corps, et le manque d'air m'exposait à l'asphyxie. J'allais sortir de ma prison, quand le bruit qui se faisait sur le pont m'annonça les préparatifs du départ. Au bout d'un intervalle qui me parut d'un siècle, je sentis au balancement du navire qu'il avait mis à la voile.

Il était midi lorsqu'on me délivra. En montant sur le pont, je vis le schooner en mer, et dans le lointain, le faîte de quelques édifices d'Halifax. A ce moment, je l'avoue, je me repentis de ma démarche, et si j'avais pu débarquer, mes dispositions à la vie errante se seraient assurément modifiées. Toutefois il était trop tard, et j'étais forcé de suivre le sentier épineux et difficile où je m'étais si aveuglément fourvoyé.

J'ai appris plus tard que M. Marchinton m'avait longtemps cherché ; il me croyait noyé, et fit draguer le port en plusieurs endroits pour y retrouver mon cadavre : ses inquiétudes furent dissipées par les nouvelles qu'il reçut de New-York.

A mon apparition sur le pont, le capitaine du schooner et le second échangèrent une multitude de plaisanteries. On se moqua de moi, mais sans me maltraiter. On me confia le soin de la cuisine et la préparation des aliments. La tâche n'était pas difficile, car le dîner se composait de bœuf ou de porc bouilli; dans la cabine, on prenait du sassafras en guise de thé. Le premier jour, le mal de mer me dispensa d'entrer en fonctions; mais le lendemain matin je me mis activement à l'œuvre. Pourtant notre traversée fut longue et peu agréable pour moi. Le schooner aborda vis-à-vis Fly-Market; il était séparé du quai par deux ou trois autres bâtiments. L'heure du déjeuner était passée; je me hâtai de faire les préparatifs du dîner, qui eut lieu comme de coutume, à midi. N'ayant rien à faire pendant que l'équipage prenait sa nourriture, je descendis à terre et débarquai pour la première fois dans ma nouvelle patrie. Je n'avais ni chapeau, ni habit, ni souliers; mes pieds avaient été endurcis par l'habitude de marcher au milieu des lattes. Il y avait sur le quai plusieurs jeunes galopins occupés à voler adroitement de la mélasse dans des tonneaux. Je me mêlai à leur bande, et je partageai leurs ébats durant une heure entière, avant de songer que mon devoir me réclamait à bord. Je cherchai des yeux le schooner; il était parti! Le capitaine, me croyant à la cambuse, ne s'était pas inquiété de moi, et, trouvant le navire mal placé, il avait cherché un autre mouillage. Si j'avais bien assez su mon chemin pour suivre les quais, j'aurais infailliblement rejoint le schooner; mais avec mon indifférence habituelle, je me contentai d'une courte recherche, et retournai bientôt à mes nouveaux camarades et à la mélasse.

Je ne me voyais pas sans une certaine émotion au milieu d'une ville étrangère, sans chapeau, sans habit, sans souliers, sans un sou vaillant; mais on ne saurait s'imaginer à quel point j'étais exempt d'alarmes. Tout en savourant de la mélasse, je fis aux gamins un tableau de ma situation, et j'excitai au plus haut degré leur sympathie. Tous apprirent bientôt qu'un pauvre petit Anglais avait perdu son navire, et ne savait où passer la nuit. L'un d'eux me promit à souper; et quant au logement, d'après l'opinion générale, j'en devais trouver un très-commode sur un étal de boucher dans le marché voisin.

J'avais d'autres projets en tête. J'avais fréquenté à Halifax une famille du nom de Clark, qui habitait alors New-York; peu de jours avant mon départ, j'avais entendu ma sœur Henriette parler des Clark, et dire qu'ils demeuraient près de Fly-Market. Je priai mes camarades de m'indiquer le domicile de cette famille; mais elle était étrangère, et personne ne la connaissait. Je résolus de profiter des dernières clartés du jour pour la chercher dans la ville. Je marchais le long du marché, lorsqu'une voix de femme s'écria :

— Bah ! voilà Édouard Meyers à moitié nu !

Au même instant, Suzanne Clark, la fille aînée, s'élança dans la rue et m'entraîna dans la maison.

La famille m'accabla de questions, et je dis la vérité. Les Clark me traitèrent avec bonté, m'offrirent des habits, et voulurent me garder auprès d'eux ; mais je refusai. J'avais eu à Halifax plusieurs querelles avec les enfants, et j'avais à me plaindre du père, qui m'avait un jour injustement accusé d'avoir volé des fruits. M. Clark était en quelque sorte mon ennemi, et je n'étais venu chez lui que pour demander l'adresse d'un certain docteur allemand, nommé Heizer, qui avait servi dans le 23⁰ régiment. Je savais qu'il était à New-York ; j'avais confiance en lui, et j'étais décidé à implorer sa protection.

Je pris congé des Clark, et, sans changer de costume, je me mis en quête de la maison du docteur. Je m'aventurai dans les rues, au clair de la lune, avec une hardiesse juvénile. On m'avait recommandé de suivre la Grand'rue jusqu'à ce que je rencontrasse un pont. Là, je pris des renseignements, et je n'eus plus que quelques pas à faire pour arriver à ma destination.

La famille Heizer fut stupéfaite de me voir; je ne cachai au docteur aucune particularité de mes aventures. Je savais que la dissimulation serait inutile; j'étais naturellement franc, et je commençais à sentir le besoin de me faire des amis. On me donna à manger, et le soir même le docteur et sa femme me menèrent chez un fripier et m'achetèrent un équipement complet. Au bout d'une semaine on m'envoya régulièrement à l'école. Le docteur Heizer, à ce qu'il paraît, ne communiqua point ce qui me concernait à son ami M. Marchinton; ma sœur Henriette m'a dit depuis qu'on avait eu de mes nouvelles longtemps après et par une autre voie. Quoi qu'il en soit, je fus traité affectueusement et considéré sous tous les rapports comme un membre de la famille. M. Heizer, n'ayant point d'enfant, semblait me regarder comme le sien.

Je passai dans cette maison l'automne de 1805 et l'hiver et le printemps de 1806. Je ne tardai pas à me lasser de l'étude, et me mis à faire l'école buissonnière; les quais étaient ma promenade favorite, et je restais des heures entières en contemplation devant les navires. Le docteur

Heizer en fut averti, me surveilla, et reconnut que mon goût pour la marine n'avait en rien diminué. Assisté de sa femme, il me prit à part et tenta de me déterminer à retourner à Halifax; mais je ne croyais pas devoir reculer; plein de sombres pressentiments, je voyais en perspective des reproches, des coups, un long et rigoureux esclavage; si la sévérité agit fructueusement sur certains caractères, il en est d'autres avec lesquels elle ne réussit jamais; le mien était de ce dernier genre, car je crois plus facile de me mener que de m'entraîner; je fus sourd à toutes les propositions du docteur, et après d'inutiles efforts il prit le parti de me laisser suivre mes penchants.

Mon goût pour la marine acquérait chaque jour de nouvelles forces, je saisissais les moindres occasions pour rôder sur les quais, observer les différentes espèces de vaisseaux, et les reconnaître à leur gréement. Un jour que je regardais un pavillon anglais, je m'entendis appeler par mon nom; du premier coup d'œil je reconnus un habitant d'Halifax, et je m'enfuis à toutes jambes, dans la crainte qu'il ne m'appréhendât au corps pour me ramener chez M. Marchinton; la peur d'être exposé de nouveau à de semblables rencontres et d'être trahi par le docteur me décida à chercher un navire. On m'envoyait au marché avec un domestique noir ; je me séparai de lui sous prétexte d'aller à l'école, et me promenai le long des quais jusqu'à ce que j'eusse aperçu un bâtiment à ma fantaisie. On l'appelait *le Sterling*, et il y avait sur le pont un second d'une physionomie ouverte et prévenante. *Le Sterling* était commandé par le capitaine John Johnston, de Wiscasset dans le Maine ; il en était propriétaire avec son père. Le second, nommé Irish, était natif de Nantucket.

Je me rendis à bord du *Sterling*, et, après avoir promené quelque temps mes regards autour de moi, je me hasardai à m'offrir à M. Irish en qualité de mousse. Naturellement on m'adressa quelques questions, mais je sus éviter toute réponse trop précise. Après quelques moments de conversation le capitaine Johnston vint à bord, et M. Irish lui fit part de mon désir. Mon examen alors devint plus minutieux, et je me trouvai réduit, afin d'accomplir mon dessein, à débiter de pures inventions. Je dis que j'étais fils d'un sergent de marine tué au service, et que je désirais m'engager sous quelque capitaine américain, afin de me former à la marine. Ce conte trompa si bien le capitaine Johnston, qu'il prêta l'oreille à mes propositions et les agréa en partie. Nous

nous séparâmes après être convenus que j'irais chercher mes hardes et que je me rendrais ensuite à bord du navire.

Il était midi lorsque je me rendis chez le docteur Heizer. Mon premier soin fut de porter peu à peu mes effets dans la cour, après quoi je dînai avec la famille. A peine hors de table, j'emportai furtivement mon paquet, laissant ces bonnes gens dans la pensée que j'étais retourné à l'école. Je ne les ai jamais revus depuis. A mon retour à New-York, plusieurs années après, j'appris qu'ils étaient tous allés se fixer à la Martinique. Je n'aurais pas quitté si clandestinement cette excellente famille si je n'avais été tourmenté de l'idée d'être renvoyé à Halifax, objet de mon aversion profonde.

Le capitaine Johnston me reçut avec bonté, et il m'équipa en matelot; puis il m'installa dans la cabine, où je devais entrer sérieusement en fonctions. Il y avait sur le même vaisseau un mousse nommé Daniel Mac Coy; il avait fait à ce même bord le voyage de Russie en qualité de garçon de cabine. Il allait passer au gaillard d'avant, et on lui donna l'ordre de me mettre au courant de mon service.

J'étais alors comparativement heureux, bien que désirant être lié par contrat indissoluble au capitaine Johnston, et encore plus être véritablement en mer. *Le Sterling* avait une bonne cabine, à la vieille mode, telles qu'étaient les cabines en 1800. Je parcourus sa grande chambre, je furetai ses équipets, je visitai tous les coins et recoins avec autant de plaisir que si c'eût été un palais. Daniel Mac Coy était tous les jours à bord et nous connaissions parfaitement tout l'aménagement du navire. Deux ou trois jours après, le capitaine Johnston me mena auprès de qui de droit, et je me trouvai légalement engagé jusqu'à l'âge de vingt et un ans.

Le Sterling commença bientôt son chargement. Il devait recevoir une cargaison de farine pour Cowes. La cale, la chambre et la cabine, tout était plein; il ne restait que juste assez de place pour arriver aux couchettes en escaladant les tonneaux. On avait ménagé de la place dans la cabine pour la table. Les passagers n'étaient pas communs dans ce temps-là ; car le commerce était extrêmement restreint. On enverguait lorsque le consignataire, suivi d'un autre négociant, arriva au bâtiment accompagé d'un jeune homme qui, disait-on, voulait être admis à bord. Ce jeune homme s'appelait Cooper, et ne fut jamais désigné autrement sur le vaisseau. Il fut accepté par le capitaine Johnston, signa et vint le lendemain se joindre à nous, en arrimage de matelot. Il ne vint jamais à la cabine, et fut immédiatement chargé de fonctions supérieures, analogues à ce qu'il était en état de faire. On apprit depuis qu'il se destinait à la marine militaire.

Le jour de l'arrivée de Cooper fut signalé pour moi par une piteuse mésaventure. Les menues provisions furent envoyées à bord pour prendre place dans la cabine, et Daniel Mac Coy me persuada de goûter à une bouteille de Xérès. Je n'en bus guère; mais le peu que j'en bus m'enivra complètement : c'était la première fois que je me trouvais dans cette déplorable et humiliante situation; plût à Dieu que c'eût été la dernière! Le capitaine me gronda sans aigreur; il parut comprendre que ma mésaventure provenait de la faiblesse de ma tête. Ce fut Daniel qui paya pour tous les deux; et, à dire vrai, il le méritait : on le battit à coups de corde pour la peine.

Le lendemain l'équipage arriva.

La réunion de l'équipage d'un navire marchand à cette époque offrait un triste spectacle. Les hommes arrivèrent portant sur eux les traces des excès auxquels ils s'étaient livrés à terre : les uns, hébétés et stupides, les autres encore en proie à l'action des liqueurs, d'autres enfin dans cet état que les marins eux-mêmes appellent l'*abomination*. Notre équipage n'était ni meilleur ni pire que celui de tout autre vaisseau. C'était aussi un échantillon du caractère mélangé des équipages des navires américains à l'époque la plus prospère du commerce neutre de l'Amérique. Le capitaine, le second, le cuisinier et quatre des officiers supérieurs étaient Américains de naissance, tandis que le contre-maître était Portugais. Les mousses étaient, l'un Écossais, l'autre Canadien, un Danois et un Anglais. Il y avait aussi un Anglais, tonnelier d'un baleinier naufragé, qui payait sa traversée en travaux. Avec Daniel Mac Coy cela faisait dix hommes au gaillard d'avant, outre le cuisinier, et cinq à l'arrière, y compris le maître d'un autre navire anglais naufragé, que nous avions pris à notre bord comme passager.

Ce soir-là nous levâmes l'ancre, et le second dit à Cooper et à moi de monter au mât et de larguer le petit hunier. Je grimpai sur une vergue, Cooper sur l'autre. Cooper s'escrimait de son mieux, et aurait descendu sa moitié de voile s'il avait été seul, tandis que je retirais les garcettes de la vergue avec l'intention de les déposer soigneusement sur le pont, où il me paraissait qu'elles seraient parfaitement à l'abri. Heureusement les hommes étaient trop occupés et trop hébêtés pour être fort portés à la critique, et nous échappâmes aux railleries.

Au bout d'une semaine nous en sûmes tous deux un peu plus, et nous étions déjà assez instruits lorsque nous arrivâmes à Londres. C'était ma première visite à la moderne Babylone, mais je n'eus guère d'occasions de voir beaucoup de choses. Je fis un dimanche une ou deux croisières dans les parcs et le West-end à la remorque de Cooper, qui me servit de pilote dans ces parages; mais j'étais trop jeune pour apprendre ou observer avec fruit. Nous allâmes presque tous voir Saint-Paul et les lions. Cooper sut se concilier les bonnes grâces d'un gardien, et visita les arsenaux, les joyaux de la couronne, la collection d'armes. Le capitaine Johnston se mit alors à charger le navire; nous allâmes prendre le fil du courant par le travers des portes du Dock, et nous prîmes un lest de gravier. Le Prussien, le Danois, le contre-maître et le tonnelier anglais nous laissèrent tous à Londres. Nous reçûmes à leur place un Philadelphien qui sortait du service à bord d'un vaisseau de guerre anglais, et un jeune garçon irlandais. En janvier nous mîmes à la voile, nous rendant à Alméria, où nous prîmes un chargement de soude d'Espagne. J'allais à terre presque chaque jour pour faire nos provisions au marché, et j'eus ainsi occasion de voir un peu les Espagnols. Notre bâtiment était mouillé assez loin au large, et nous débarquions au Lazaret, situé à un demi-mille au moins de la Porte-Marne, que nous étions obligés de gagner à pied en suivant le rivage. Pendant une de mes excursions à la ville, il m'arriva une aventure. Le capitaine avait ordonné à Cooper de faire fondre un peu de poix sur la galère. Par je ne sais quel accident, le pot fut renversé, et le vaisseau fut sur le point d'être incendié. On se procura alors un autre pot, et Cooper et Mac Coy furent envoyés à terre, à la station, avec ordre de faire bouillir la poix à terre. Il n'y avait point de quai, et il fallait toujours profiter d'un brisant pour atteindre la terre. La baie est simplement un coude, et la moitié des vents soufflent de la pleine mer : aussi n'est-il pas toujours aisé d'aborder, et il faut pour cela beaucoup d'habileté. Je me rendis à terre avec la poix, et me mis en devoir d'exécuter mes commissions dans la ville, tandis que mes deux compagnons allumèrent leur feu et firent bouillir leur poix. Lorsque tout fut prêt, on s'aperçut que la mer était houleuse, et que les brisants étaient très-violents. L'ordre cependant était de partir sans tarder. car les délais ne font en général que gâter les affaires. Nous entrâmes donc dans la chaloupe, et nous mîmes en route. Pendant une minute ou deux tout alla à merveille, lorsqu'un brisant envahit les bossoirs de la chaloupe, la dressa presque perpendiculairement, et la renversa la quille en haut. On ne sait guère comment on se retire d'un cas pareil; nous fûmes tous jetés à terre sens dessus dessous, hommes, pot, chaloupe et aviron. Nouvelle tentative, même résultat. Au troisième essai, nous franchîmes le brisant, et nous parvînmes au vaisseau. Ce sont de semblables aventures qui aguerrissent les matelots, et qui leur font aimer le danger. Je ne savais pas le moins du monde nager, et j'eusse certainement été noyé si la Méditerranée ne m'avait rejeté au rivage comme dédaignant de prendre une vie à laquelle personne, excepté moi, n'attachait de valeur.

Après quelques semaines de mouillage à Alméria, le navire cingla vers l'Angleterre. Nous prîmes le large, et brassâmes carré pour entrer dans la Tamise. En arrivant à Londres, le navire fut déchargé à Limehouse, où il demeura quelque temps au milieu d'une rangée de bâtiments américains. Nous prîmes ensuite un peu de lest, et nous plaçâmes en face des docks.

On caréna le navire pour le réparer, et il resta

en chantier jusqu'au mois de juillet, en attendant qu'il eût du fret pour Philadelphie. Les matelots eurent de longs loisirs et la permission d'aller à terre avec ou sans nécessité. Cooper me servit de cicerone à travers la ville, et je visitai, avec lui et Daniel Mac Coy, l'église de Saint-Paul, les parcs, les palais et l'abbaye de Westminster. Un accident, dont je faillis être victime, m'attacha davantage à Cooper, et m'inspira un vif désir de croiser le plus souvent possible de conserve avec lui. J'étais seul sur le pont, quand je vis un petit chien qui courait à bord d'un navire voisin. Autour du corps de cet animal on avait attaché une pièce de douze sous, percée au centre et suspendue par un bout de ruban. Je jugeai qu'on pouvait faire un meilleur usage de l'argent, qu'on pouvait l'employer, par exemple, à acheter des friandises, et je me mis à la poursuite du chien. En essayant de revenir à notre bord, je tombai à l'eau entre les deux navires. Je ne savais pas nager, et j'appelai à grands cris du secours. Par bonheur Cooper arriva à bord en ce moment; il entendit mes plaintes, sauta bravement à la mer, et me sauva. Je m'étais cru mort, et cet événement produisit sur moi une impression ineffaçable. Si Cooper ne s'était pas trouvé là, mes Mémoires se seraient terminés par ce paragraphe. Je dois ajouter que le chien s'éloigna à la nage, emportant avec lui la pièce de monnaie dont j'avais convoité la possession.

Vers la fin de juillet nous quittâmes Londres, en charge pour l'Amérique. *Le Sterling* était à court d'hommes, car il n'y en avait que quatre par chaque quart. Cependant, quoique Cooper et le petit Daniel ne fussent guère que des enfants, nous prenions souvent des ris pendant le quart. Le second et le maître d'équipage étaient des hommes actifs et capables, et ne craignaient pas de monter au besoin dans les vergues. Le cuisinier lui-même mettait parfois la main à la manœuvre. Aujourd'hui que les marins devenus délicats sont abattus par deux ou trois jours de quart réitéré, on peut penser avec orgueil à une traversée comme la nôtre. Quatorze hommes et quatre enfants guidèrent un vaisseau de bonne taille à travers l'Océan, en prenant des ris pendant les quarts, en évitant plus d'un coup de vent sous voiles, et sans avoir l'air d'y faire attention.

Je crois que la moitié de nos hommes, au besoin, aurait pu conduire *le Sterling*. Un des quatre enfants que j'ai mentionnés s'appelait John Pugh, petit garçon que le capitaine avait pris à Londres comme apprenti, et qui se trouvait alors sur mer pour la première fois de sa vie. Après une longue traversée, nous arrivâmes à Philadelphie. Le capitaine, charmé de mes dispositions, m'envoya à l'école de Wiscasset avec John Pugh, Bill Swett, son neveu, et un Philadelphien nommé Jacques Mallet. J'y restai jusqu'en 1809, et je repris mon service à bord du *Sterling*. Nous partîmes pour l'Angleterre avec une cargaison de froment dans la cale, de la farine dans l'entre-pont, du coton sur le tillac. Le navire était très-profond. Notre équipage était bon, mais nos deux seconds étaient étrangers.

Il ne nous arriva rien jusqu'à ce que nous eûmes atteint le voisinage de la terre; il s'éleva alors un fort vent sud-ouest; le vaisseau courait sous voiles de grand et de petit hunier, avec ses ris pris et par une mer effroyable. Dès la tombée de la nuit, un certain Harry, Prussien, monta sur le pont après souper pour soulager la roue du gouvernail, et, attrapant un roulis comme il passait à l'arrière, il tomba sur la chaloupe, et de là sur l'écoute de misaine. Elle était pourrie, et céda sous le poids du pauvre Prussien, qui tomba à la mer. Nous ne pûmes que lui lancer un cordage; mais le navire marchait en faisant écumer l'eau sous sa proue, et le pauvre diable fut abandonné à son sort au milieu des flots mugissants.

Quelques-uns de nos hommes crurent voir le malheureux se cramponner à l'écoutille vitrée ; mais comment l'arracher à cette mer en furie ? Il était impossible de retourner en arrière ; et quant à la bouée de sauvetage, il ne fallait pas y songer. C'est le premier homme que j'aie vu perdre à la mer ; malgré la violence du vent et le péril du bâtiment lui-même, nous nous apitoyâmes tous sur le sort de cet excellent marin, et nous pûmes voir que le capitaine le regrettait amèrement. Mais le malheur était irréparable.

Nous avions commencé à diminuer de voiles de bonne heure dans l'après-midi, et Harry fut perdu au premier petit-quart ; un peu plus tard, l'écoute de bâbord s'échappa et la voile se déchira. On appela tout le monde sur le pont, on roula les lambeaux et on passa les rabans de faix. Le vaisseau fatigua alors si horriblement, qu'il commença à faire eau. La lame était si haute que nous n'osions pas naviguer au plus près, et nous embarquions des vagues qui, franchissant le bâtiment, allaient sortir par les bossoirs de manière à menacer tout ce qui était mobile. On amarra les hommes aux pompes, en leur ordonnant de continuer ; et, pour comble de malheur, le froment de la cargaison commença à s'introduire dans le corps des pompes. Sur ces entrefaites, le grand hunier se déchira, laissant le navire sans le moindre lambeau de voile.

Le Sterling était toujours entre deux eaux, même en temps modéré. Plus d'une fois je l'ai vu lancer de l'eau jusqu'aux dalots du gaillard d'arrière, et il n'avait pas son pareil pour plonger. Or, comme il était profond, il était temps de songer à l'alléger. Nous jetâmes le coton à la mer aussi vite que nous pûmes, et ce que les hommes ne pouvaient enlever, la lame s'en chargeait. Quelques instants après le navire était sensiblement allégé, et bien nous en prit, car notre cargaison obstruait si souvent la pompe, que nous ne pouvions guère épuiser l'eau.

Je ne me rappelle pas maintenant à quelle heure de cette terrible nuit le capitaine Johnston nous cria d'être attentifs et de tenir bon. Le navire faisait chapelle. Heureusement il vira dans un bon moment, et, faisant bonne contenance, quoique tout mouillés, nous soutînmes le coup de vent sans avaries. On mit alors le foc d'artimon pour empêcher le navire de sombrer dans l'entre-deux des lames. Cependant le vent se maintenait avec la même violence; les voiles se relâchèrent les unes après les autres, et nous restâmes longtemps à retenir la toile sur les vergues.

Nous passâmes une nuit épouvantable, travaillant aux pompes et cherchant à préserver le navire. Le lendemain matin, la tourmente se ralentit un peu, et le bâtiment prit le vent, qui était fort bon. Le vaisseau ne pouvait porter que peu de voiles; cependant nous remplaçâmes les mâts de hunes par les mâts de perroquet dès que la mer le permit. Vers quatre heures, j'aperçus moi-même la terre et je la signalai au second. C'était le cap Clair, et nous y courions en droite ligne; nous l'évitâmes et entrâmes dans le canal d'Irlande.

Le temps devenant plus calme, nous fîmes route vers Liverpool en toute diligence. *Le Sterling* arriva à bon port malgré le long temps qui s'écoula avant que nous pussions atteindre les docks. Lorsque nous procédâmes au débarquement des marchandises, nous les trouvâmes gravement avariées, le froment surtout. Il était si chaud qu'il nous brûlait les pieds. Nous achevâmes le débarquement en quelques jours, après quoi nous pûmes entrer dans un dock sec pour réparer nos avaries.

Pendant le printemps de 1810, le capitaine Johnston confia *le Sterling* à un autre capitaine, nommé Barley, qui nous mena à Charleston. Il y avait à cette époque sur la côte méridionale deux vaisseaux français armés en course, qui faisaient le plus grand mal à notre commerce. L'un alla à Savannah et fut brûlé pour sa peine, l'autre vint à Charleston, et peu s'en fallut qu'il n'éprouvât le même sort. Une populace ameutée construisit un brûlot, et vint sous notre bord nous demander du goudron. Pour être sincère, bien que revêtu alors de la dignité de maître d'équipage, je goûtai la plaisanterie et ne fis aucune résistance. Bill Swett était arrivé sur un navire appelé *les États-Unis*, et il était à bord du *Sterling*, où il me rendait visite en ce moment; nous portâmes tous deux un baril de goudron sur le tillac, et nous le donnâmes aux constructeurs du brûlot en formant des vœux bien sincères pour le succès de leur entreprise. Le projet, légalement parlant, était fort répréhensible; mais je crois que, moralement, il n'était guère que juste, car les corsaires ne connaissent parfois ni amis ni ennemis. Quoi qu'il en soit, la tentative ne fut pas heureuse, et ceux qui y étaient impliqués furent beaucoup plus blâmés qu'ils ne l'eussent été s'ils avaient incendié le bâtiment français. Il est fâcheux d'échouer dans les entreprises légitimes; mais le succès est indispensable pour faire pardonner celles qui ne le sont point.

Ce soir-là le capitaine Barley et le second en

chef fondirent sur moi comme un ouragan, et me reprochèrent d'avoir fourni le goudron. Ils terminèrent leur réprimande en me menaçant de me chasser. Bill Swett était présent et il eut sa part. Laissés seuls, nous tînmes un conseil de guerre sur nos projets à venir. Notre équipage, ainsi que cela se pratique, sauf le coq, s'était en toute hâte rendu à Charleston, et nous prîmes le coq pour conseiller. Il me dit avoir entendu le capitaine et le second former le projet de me donner une volée ; Bill me proposa alors franchement de fuir ensemble, car il avait déjà quitté son bâtiment, et notre plan fut bientôt tracé : Bill se rendit à terre et amena un bateau sous les bossoirs du navire ; j'y plaçai mon paquet en passant par le gaillard d'avant. Je quittai alors *le Sterling* pour n'y jamais remettre le pied.

Après cet exploit, Swett se mit à bord d'un navire appelé *le Président,* et j'entrai sur un autre appelé *la Tontine,* et nous fîmes voile tous les deux pour New-York, où nous arrivâmes à quelques jours de distance l'un de l'autre. Nous naviguâmes alors ensemble à bord d'un bâtiment appelé *la Jane,* ayant Limerick pour destination. C'était vers la fin de 1811. Notre traversée fut effroyablement mauvaise, et il arriva à quelques-uns de nos hommes de graves accidents. Nous n'étions pas loin de l'entrée du détroit d'Irlande, lorsque le bâtiment fit chapelle en fuyant devant le temps sous voiles de misaine et de petit hunier, tandis que Bill était à la barre. L'homme de quart, qui était en bas, arriva sur le pont et largua la voile de misaine sans en avoir reçu l'ordre, afin de garantir le navire, qui, dès qu'il fut en travers, embarqua un coup de mer à tribord ; Bill fut renversé et alla tomber sous des tonneaux d'eau et de planches, où il s'enfonça deux côtes. Les deux seconds furent aussi grièvement blessés, et furent mis hors de service pour plusieurs semaines. La planche de tonture fut enlevée depuis l'arrière jusqu'au milieu du navire, aussi net que si l'ouvrage eût été fait par des charpentiers ; nous pouvions regarder à travers les charpentes, comme si le vaisseau eût été sur le chantier. On orienta les vergues d'arrière, et le vaisseau mouilla avec tous ses ris pris au grand hunier. Après cela il se comporta assez bien. Puis nous mîmes de la toile goudronnée sur les têtes d'allonge, et nous nous efforçâmes d'empêcher l'eau de pénétrer. Le lendemain nous fîmes voile pour notre port. Comme il soufflait trop grand frais pour avoir un pilote, nous entrâmes dans une rade à l'entrée du Shannon, et nous mouillâmes avec les deux ancres de bossoir. Nous attendîmes que le coup de vent fût passé et nous arrivâmes à Limerick. Là, les blessés se rétablirent et reprirent leurs fonctions. Au temps voulu, nous fîmes voile vers notre pays avec lest. Lorsque nous arrivâmes à Hook, nous fûmes hélés par une chaloupe canonnière qui nous apprit le petit embargo.

Bill et moi, nous nous mîmes alors à délibérer sérieusement sur ce que nous avions à faire. J'étais d'avis de retourner à Wiscasset, comme deux enfants prodigues, pour avouer notre faute et faire amende honorable. Bill n'était pas de cette opinion. Maintenant que nous étions à terre sans emploi, il trouvait plus digne de chercher à nous tirer d'affaire par nous-mêmes. Il avait un oncle qui était capitaine d'artillerie et qui était alors fixé à Governor's-Island, et nous lui demandâmes ses conseils. Il nous traita fort bien et nous garda deux jours auprès de lui. Voyant son neveu disposé à faire quelque chose, il nous donna une lettre pour le lieutenant Trenchard, de la marine militaire. M. Trenchard nous fit trouver à tous deux du service. Swett obtint une place de bosseman, et on m'en offrit autant; mais je me méfiais trop de moi-même pour l'accepter. J'entrai alors dans la marine militaire comme simple matelot.

Je fus envoyé à bord du *Fléau*, schooner de construction anglaise, qui avait pour commandant M. Osgood, et pour lieutenants MM. Bogardus et Livingston. Je fis partie de la flottille qui alla combattre les Anglais sur le lac Ontario, et y transporta des détachements d'infanterie. Après plusieurs affaires où nous eûmes constamment l'avantage, nous allâmes attaquer les forts situés près de l'embouchure du Niagara. Le débarquement s'opéra avec succès le 27 mai 1812. Les troupes étaient dans deux bateaux de transport, que protégeaient les bâtiments sous voiles. Quelques-uns d'entre eux ouvrirent le feu sur le fort George, pendant que d'autres longèrent la côte, sur laquelle ils lancèrent des volées de mitraille. Le *Fléau* jeta l'ancre à peu de distance du lieu choisi pour le débarquement, et lâcha une bordée sur le rivage. Nous fîmes pleuvoir la mitraille sur les Anglais jusqu'après l'atterrissement des bateaux ; et quand nos gens furent engagés avec l'ennemi, nous tirâmes sur lui à boulets ronds par-dessus leurs têtes. Dès que le colonel Scott eut débarqué, le schooner lâcha sa bordée sur une batterie de deux canons, qui cessa son feu.

Il y eut un moment de mêlée à terre, mais l'ennemi n'était pas capable de lutter, et nos gens en triomphaient sans peine quand ils pouvaient mettre le pied sur un terrain solide.

Après qu'on eut jeté l'ancre, on envoya M. Bogardus à la découverte. Il ne rencontra d'abord personne; mais, au bout de quelque temps, il me fit dire de tirer le canon sur un amas de buissons situés au bord de la rivière. M. Osgood pointa le canon, et j'y mis le feu. Nous avions vu briller des canons de fusil; et en effet les soldats, qui étaient cachés dans ces buissons, firent feu aussitôt qu'ils eurent été atteints. Nous leur envoyâmes le reste de notre bordée, ce qui acheva de les disperser.

Le vent soufflait sur le rivage avec une violence toujours croissante. Le commodore ordonna par un signal de mettre les canots à la mer, d'aller rejoindre les bateaux, et d'aider leurs équipages à prendre soin des blessés. En quittant le schooner, nous étions en chemise et encore noirs de poudre; mais nous eûmes la précaution d'emporter nos ceintures d'abordage, avec chacun un coutelas et une paire de pistolets. Quand nous fûmes débarqués, nous nous divisâmes par groupes de trois pour ramasser les blessés et les transporter dans une grande maison qu'on avait transformée en hôpital.

J'avais avec moi Bill Southard et Siméo

Grant ; le premier homme que notre bande rencontra fut un jeune soldat anglais, grièvement blessé ; il était assis sur les bords du lac, et se tenait la tête entre les mains ; il demanda de l'eau ; j'en remplis son chapeau, je lui donnai à boire et lui lavai la figure ; il parut se remettre, et nous offrit son bidon, qui contenait d'excellent rhum. C'était un régal pour nous, et nous vidâmes le reste de sa demi-pinte.

Après avoir savouré ce rhum, nous portâmes ce pauvre diable à l'hôpital, où il fut remis entre les mains des docteurs ; les chambres étaient déjà remplies de blessés, et les médecins anglais et américains occupés activement de pansements.

En sortant de l'hôpital, nous convînmes de prendre chacun un bidon et de le remplir de rhum aux dépens des provisions des morts. Nos bidons étaient déjà pleins au tiers, quand nous rencontrâmes un jeune tirailleur américain, étendu sous un pommier, et dangereusement blessé à la tête ; nous fûmes tous frappés de l'extérieur de ce jeune homme, et je me souviens que son visage était un des plus beaux que j'eusse jamais vus ; sa blessure ne saignait pas, bien qu'une portion de la cervelle fût à découvert. Je me sentis tant de sympathie pour le blessé, que je lavai sa plaie avec du rhum ; cette lotion lui fut peut-être funeste, mais mes intentions étaient bonnes. Bill Southard courut chercher un des chirurgiens qui opéraient sur le champ de bataille.

— C'est inutile, me dit le mourant ; et il prononça les noms de son père, de sa mère et de sa ville natale ; il était de Vermont : mais j'avais trop pris de rhum pour retenir le nom de ses parents ; il y avait environ une demi-heure que nous étions autour de ce jeune homme quand il murmura quelques mots, m'adressa un des plus doux sourires dont j'aie souvenance, et cessa de donner signe de vie.

Je continuai, toutefois, à le panser jusqu'à l'arrivée du chirurgien ; celui-ci le regarda et dit :

— Il est mort ! puis il s'éloigna froidement.

Nous arrivâmes assez tard à bord du schooner, où l'on ne comptait plus nous revoir. Le bruit avait couru que les bandes d'Indiens avaient paru sur le champ de bataille, et nous passions pour scalpés. Grâce au ciel, j'ai encore tous mes cheveux, et, quelque endommagée que soit ma vieille carcasse, ma chevelure est encore aussi noire que l'aile du corbeau. Le vieux camarade qui arrange ce récit prétend que ma mère est une Française du Canada, mais je crois cette assertion inexacte.

Au commencement d'août, pendant que nous étions encore en rivière, sir James Yeo parut en vue avec deux vaisseaux, deux bricks et deux schooners. Notre flotte, forte de treize voiles, appareilla aussitôt, et manœuvra pour gagner le vent. Tous les bâtiments ennemis avaient des postes régulièrement établis, et les vaisseaux étaient de premier rang. Nos navires étaient ma' équipés, et marchaient sans ordre, les uns devançant les autres. Notre schooner avait en tout dix canons, dont huit de six livres et deux de quatre.

Il faisait une belle soirée; on n'apercevait pas un nuage, et le lac était aussi uni qu'un miroir. La flotte anglaise n'était qu'à une petite distance de nous, au nord, si près que nous pouvions compter les sabords des vaisseaux, qui étaient abrités comme les nôtres et un peu éparpillés.

Nous prîmes nos rames, les plaçant en travers du pont pour nous en servir dans l'occasion. Les bâtiments qui étaient à l'arrière et à l'avant à nous étaient pour la plupart à portée de la voix. A peine le soleil était-il descendu au-dessous de l'horizon, que George Tumblate, Suédois, qui était notre canonnier, vint à moi et me dit qu'il croyait que nous devions rattacher nos canons. Nous avions été prêts à l'action toute la journée;

nos hommes étaient restés à leurs postes, nous y étions encore ; mais les officiers subalternes avaient la permission d'aller et de venir, et on avait accordé aux matelots toute la liberté nécessaire. Je répondis que je le ferais volontiers s'il pouvait en obtenir l'ordre, mais que, comme nous n'avions pas été relevés, et que John Bull était là, nous pourrions bien avoir affaire à lui pendant la nuit. Là-dessus, le canonnier dit qu'il allait se rendre à l'arrière et parler de cela à M. Osgood. Il y alla en effet, mais il trouva le capitaine (c'est ainsi que nous appelions toujours M. Osgood) à la coupée du gaillard d'arrière. Lorsque George lui eut expliqué ce qui l'amenait, le capitaine regarda le ciel et fit la remarque que la nuit était si calme, que ce serait une précaution peu utile, et que les Anglais étaient si près de nous, que l'on engagerait certainement le combat si le vent se levait ; que les hommes, par conséquent, dormiraient à leurs postes et se tiendraient prêts à servir leurs pièces ; mais qu'il pouvait faire un tour avec les garants du palan d'affût, autour du bouton de la culasse des canons, et que cela suffirait. Il ordonna alors au maître d'équipage d'appeler tout le monde à la coupée du gaillard d'arrière.

Dès que les hommes furent rassemblés, M. Osgood leur dit :

— Vous devez être assez harassés, enfants ; nous aurons peut-être une nuit de rude besogne, et je désire que vous alliez souper et que vous preniez autant de sommeil que vous pourrez auprès de vos pièces. Il commanda alors au maître d'hôtel de faire du grog.

Ce sont les dernières paroles que j'entendis de M. Osgood. L'ordre donné, il descendit, laissant le pont aux soins de M. Bogardus.

En ce moment, le schooner était sous sa grande voile, son grand foc et son petit hunier; la misaine était carguée et le fond arrêté, et le foc volant était arrimé. Aucune des drisses n'était aiguilletée, ni les écoutes du vent bossées ; c'était une précaution que nous prenions toujours à cause de la délicatesse du bâtiment. Après le grog nous prîmes notre souper, mangeant entre les canons, ce qui était notre habitude. Un de mes commensaux, Tom Goldsmith, était capitaine du canon voisin de moi; et tandis que nous étions en train de terminer notre souper, je lui dis :

— Tom, montez cette couverture que vous avez prise à Little-York, cela nous servira à tous deux.

Il descendit, et rapporta la couverture, qui était un meuble de camp, et dont il s'était emparé : nous en fîmes un délicieux matelas. Comme tout le monde était assez fatigué, nous nous couchâmes la tête appuyée sur les boîtes à boulets, et nous nous endormîmes bientôt.

En parlant de notre voilure, j'aurais dû dire quelque chose de l'état de nos ponts. Les canons étaient attachés, comme je l'ai dit, avec le bout des garants. Il y avait une boîte de mitraille et une autre de charge en grappe, outre des réserves de l'un et de l'autre, sous les râteliers à boulets. Il y avait aussi une pile de boulets auprès de chaque canon. Les servants de chaque pièce dormaient ainsi en face les uns des autres, et partagés à peu près également des deux côtés du pont. Ceux qui étaient de garde en bas y dormaient. Je crois probable que la nuit devenant plus fraîche, ainsi qu'il arrive toujours en eau douce, quelques-uns des hommes se glissèrent en bas pour avoir plus chaud. C'était d'autant plus facile dans notre bâtiment, que nous n'avions à bord que deux officiers réguliers, car le maître d'équipage et le canonnier n'étaient que nos égaux.

Je m'endormis bientôt aussi profondément que si j'eusse été couché dans le lit d'un roi. Combien de temps dura mon somme, ou qu'est-ce qui arriva pendant cet intervalle, je ne puis le dire. Cependant, je fus éveillé par de larges gouttes de pluie qui me tombaient sur la figure. Tom

Goldsmith se réveilla au même moment. Il faisait si noir lorsque j'ouvris les yeux, que je ne pouvais voir d'un bout à l'autre du pont. Je me levai et dis à Tom qu'il commençait à pleuvoir, que j'allais descendre boire un coup, et que je lui porterais la bouteille s'il voulait se rafraîchir.

— Ça m'est égal, répondit Tom encore endormi.

Un des nègres me parla et me pria de monter la bouteille. Tout cela fut peut-être l'affaire d'une demi-minute. Je me souviens maintenant d'avoir entendu alors un bruit étrange du côté du vent, s'il y avait un côté du vent, car l'on ne sentait aucun souffle d'air ni aucun mouvement sur l'eau, et je passai à bâbord pour trouver l'échelle qui menait sur le pont dans cette direction. Le panneau était si petit, que deux hommes ne pouvaient pas y passer à la fois, et je m'y dirigeai à tâtons sans m'y presser. J'avais une main sur les biords et un pied sur l'échelle, lorsqu'un éclair faillit m'aveugler. Le tonnerre gronda immédiatement, et en même temps le vent se mit à mugir d'une telle force qu'il couvrit tout autre bruit.

Je m'aperçus à l'instant que c'était un grain, et je m'élançai à l'écoute du foc. Étant capitaine du gaillard d'avant, je savais où la trouver, et je la larguai en un tour de main ; en même temps je sautai sur un homme nommé Léonard Lewis, et l'appelai à mon aide. Ensuite je larguai l'écoute de bâbord ou écoute de la voile de hune sous le vent, je saisis le cargue-point, et, aidé de Lewis, je relevai la moitié du point. Pendant tout ce temps je ne cessais de crier à l'homme qui était à la roue du gouvernail :

— La barre tout à bas !

J'avais alors de l'eau jusqu'à la ceinture, et je savais que le navire allait éprouver une violente secousse. Lewis n'avait pas dit un mot, mais je lui criai de songer à lui. J'amarrai le cargue-point ; et en me dirigeant vers le mât de misaine je reçus un coup de l'écoute de foc, dont j'eus presque le bras cassé. Je ne le sentis pas sur le moment, mais on m'opéra dans la suite pour m'extraire une tumeur causée par cet accident.

Tout cela se passa en moins d'une minute. Les éclairs se succédaient sans interruption, le pont semblait en feu, et je ne pouvais rien voir. Je n'entendais aucun commandement, aucun signal ; mais le schooner retentissait des cris et des gémissements des hommes du côté du vent, qui étaient mutilés sous les canons, les caisses à boulets, les boulets et autres objets pesants qui avaient roulé lorsque le navire s'était incliné. Le second canon de tribord avait capoté et était venu directement sur l'écoute de devant, et j'aperçus un homme qui cherchait à le franchir. Pour éviter ce canon, je m'étais glissé vers le mât, où je reçus le coup dont j'ai déjà parlé. Je parvins à arriver du côté du vent en pénétrant dans les porte-haubans de l'avant. J'y trouvai William Deer, le maître d'équipage, et un nègre nommé Philipps, qui était chargé de la soute aux poudres.

— Deer, le vaisseau coule ! m'écriai-je.

Le maître d'équipage ne répondit point, mais il monta sur les agrès de l'avant, vers la tête du mât. Il pensait probablement que les mâts resteraient hors de l'eau si le vaisseau coulait, et adopta cette ressource comme la meilleure. Le mousse était dans les chaînes lorsque je le vis pour la dernière fois. Je me glissai alors à l'arrière, du côté supérieur des balustrades, au milieu d'un terrible et infernal fracas du tonnerre, des cris et des éclairs éblouissants, tandis que le vent soufflait comme un tourbillon. Arrivé au sabord de mon canon, j'y mis le pied, pensant m'appuyer sur la gueule de la pièce, mais il avait été du côté du vent avec tout le reste, et je tombai par le sabord.

Je parvins à remonter et me dirigeai de mon mieux vers l'arrière. Lorsque je fus en travers du grand mât, je vis que quelqu'un avait lâché les drisses. J'atteignis bientôt les taquets des rames, et j'y en trouvai quatre. Je ne pouvais m'en servir, mais j'eus l'inspiration soudaine d'employer une des rames à me soutenir sur l'eau. Lorsque je voulus dégager le taquet, il céda, et les bouts antérieurs des quatre rames roulèrent des flancs du schooner dans l'eau. Cela fit glisser les autres, et toutes les rames m'échappèrent. Je m'esquivai alors tout à fait à l'arrière jusqu'aux estains. L'eau envahissait la cabine comme par une écluse, et je restai un instant sur les estains; je vis M. Osgood, la tête et les épaules hors d'une des fenêtres de la cabine, s'efforçant de sortir. Il devait être à six pieds de moi. Je ne le vis qu'un instant à la faveur d'un éclair, et je crois qu'il dut me voir. En même temps je distinguai un homme à l'extrémité du grand bout-dehors, se retenant au cargue-point. Je ne sais qui c'était. Cet homme me vit probablement et devina que je me disposais à sauter, car il me cria :

— Ne sautez pas à l'eau! ne sautez pas à bord! le schooner redresse.

Je n'étais pas dans une situation d'esprit à réfléchir beaucoup. Je pensai alors que si le schooner redressait, c'est qu'il était plein et qu'il devait couler, et qu'il pourrait bien m'entraîner dans son tourbillon. Je m'élançai donc et allai tomber dans l'eau à quelques pieds de l'endroit où j'étais. Je crois que le schooner s'abîma à l'instant où je le quittai ; et lorsque je revins à la surface, je me mis à nager vigoureusement pour la première fois de ma vie. Je crois que je fis quelques brassées, cependant je n'oserais l'affirmer d'une manière positive. Tout à coup, ma main rencontra quelque chose de dur ; je fis encore une brassée, et je sentis les contours d'un objet que je reconnus pour un bateau à clin. J'appartenais à ce bateau, et je me rappelai alors qu'il était remorqué à l'arrière. Jusqu'à ce moment je n'y avais pas songé, mais je fus ainsi conduit dans l'obscurité au plus sûr moyen de salut. Je saisis le plat-bord auprès de la chambre ; un mètre de plus, et je manquais ce bateau ! J'y entrai sans difficulté, car j'étais plein de vie et d'ardeur.

Mon premier regard fut pour le schooner : il avait disparu, et je supposai qu'il s'affaissait sous l'eau. Il pleuvait comme si les écluses du ciel eussent été lâchées, et il éclairait épouvantablement. A ce qu'il me semblait, il n'y avait plus un souffle d'air, et l'eau n'était agitée que par la pluie. Tout cela, je le vis d'un clin d'œil ; mais ma pensée dominante était de sauver ma vie.

J'étais patron de chaloupe de ce bateau même, et je l'avais attaché le même soir au couronnement par un tour rond et deux demi-clefs avec un câble assez fort. Je m'attendais naturellement à ce que le vaisseau entraînât le bateau avec lui, car je n'avais pas de couteau pour couper le câble. Il y avait cependant dans le bateau une planche à débarquer qui allait de l'avant à l'arrière, et je pensai qu'elle pourrait me soutenir sur l'eau jusqu'à ce que quelqu'un de la flotte me recueillît. Je m'occupai donc d'abord de débarrasser cette planche et de la jeter à l'eau. Je courus dégager le cordage lâche qui la retenait, et en faisant cette opération je saisis par hasard celui qui amarrait le bateau, et reconnus avec joie qu'il était libre : quelqu'un du bord l'avait sans doute dégagé. Quoi qu'il en soit, j'étais désormais en sûreté, et j'osai regarder autour de moi.

Je ne pouvais rien voir qu'à la faveur des éclairs, qui m'éblouissaient cependant et m'ôtaient presque la vue. J'avais jeté à l'eau la planche à débarquer, et je me mis à crier pour encourager les matelots, en leur disant que j'étais dans le bateau. J'en entendais plusieurs autour de moi, et de temps en temps j'apercevais leurs têtes au milieu du lac. Comme ce n'était pas un lieu propice au maniement de l'aviron, je passai une rame dans un anneau à l'arrière, et j'essayai de ramer en godillant. Je vis alors un homme tout près du bateau, je m'élançai à moitié hors de l'embarcation, et saisis le pauvre diable par le collet. Il était presque mort, et ce ne fut pas sans difficulté que je le tirai par-dessus le plat-bord.

Notre pesanteur combinée fit tellement enfoncer le bateau, que nous embarquâmes une grande quantité d'eau. Il se trouva que cet homme était Léonard Lewis, le jeune homme qui m'avait aidé à carguer le petit hunier. Il ne pouvait se tenir debout et parlait avec difficulté. Je le priai de se glisser à l'arrière, hors de l'eau ; ce qu'il fit, puis il se coucha dans la chambre du canot.

Je promenai alors mes regards autour de moi, et j'entendis les cris d'un malheureux qui se noyait. M'appuyant sur le plat-bord, j'aperçus un homme luttant contre les flots, tout proche du bateau. Je le saisis aussi par le collet, et j'eus encore assez de peine à le tirer, comme j'avais fait pour Léonard Lewis. C'était un nommé Samuel Bryant.

Je ne cessais d'appeler et d'encourager les nageurs, et en cet instant j'entendis une voix qui disait :

— Ned ! je suis ici, tout proche de vous S'était Tom Goldsmith, un de mes compagnon de gamelle, et le propriétaire de la couverture sur laquelle j'avais couché sur *le Fléau*. Je n'eus pas grand'peine à le tirer à bord, il en vint à bout presque tout seul.

Je lui demandai s'il était en état de m'aider.

— Oui, Ned, répondit-il, à la vie, à la mort. Que dois-je faire ?

Je lui dis de prendre son prélart afin de vider le bateau, dont un tiers était déjà plein d'eau. Tandis qu'il exécutait cet ordre, je nageais de l'avant.

— Ned, me dit Tom, *le Fléau* a coulé sans amener, car le pavillon m'a enveloppé dans ses plis, et j'ai eu beaucoup de peine à m'en débarrasser. La mort a fait une bonne rafle et nous a rasés de près, mais elle ne nous a attrapés ni l'un ni l'autre.

Ainsi parlait cet homme insouciant à peine arraché à la mort. Voyant quelque chose sur l'eau, je priai Tom de prendre mon aviron ; je m'élançai au plat-bord, et saisis M. Bogardus, qui se tenait cramponné à une des rames ; je le halai dans le bateau, et il me dit qu'il croyait que quelqu'un tenait le bout de la rame ; cependant il faisait si sombre que nous ne pouvions pas même voir jusque-là. Je halai la rame, et je trouvai enfin Ebenezer Duffy, mulâtre et cuisinier du vaisseau. Il ne savait pas du tout nager, et était presque mort. Je le retirai à moi tout seul, tandis que Tom était occupé à vider le bateau de crainte qu'il ne chavirât.

Il y avait alors à bord du bateau autant de monde qu'il en pouvait porter, et Tom et moi pensions qu'il ne serait pas prudent de recueillir d'autres naufragés. Il est vrai que nous ne rencontrâmes plus personne; partout autour de nous régnait un silence de mort, qu'interrompait seul le clapotement de la pluie.

Tom recommença à vider le bateau, et je me mis à appeler. Je ramai dans différentes directions pendant quelques minutes, avec l'espérance de remorquer quelques hommes, ou même d'en recevoir encore deux à bord après avoir vidé le bateau; mais nous ne trouvâmes personne. Il est probable que je m'éloignai du lieu de la scène, car je n'avais rien pour me guider. Je crois cependant qu'en ce moment tous les matelots du *Fléau* avaient péri, car nous n'entendîmes plus parler d'eux.

Tom Goldsmith et moi nous tînmes alors conseil sur ce que nous avions à faire; nous craignions de tomber dans les mains des ennemis, car ils pouvaient avoir changé de position pendant la tourmente, et s'être rapprochés de nous.

Nous réfléchîmes cependant que les deux escadres étaient séparées par un trop grand intervalle pour cela, et à tout hasard il fallait prendre immédiatement un parti. Nous nous mîmes donc à nager, sans savoir dans quelle direction. La pluie continuait à tomber avec toute la violence imaginable, et cependant on ne sentait pas un souffle de vent ; les éclairs devenaient de plus en plus rares, et le grain passait évidemment aux parties larges du lac.

Tandis que nous nagions, nous entretenant du danger de tomber aux mains des ennemis, Tom me cria :

— Tiens bon là ! aux avirons !

A la faveur d'un éclair, il avait aperçu un navire, qu'à ses dimensions il jugea être un bâtiment anglais.

Cependant, comme il dit que c'était un schooner, je pensai que c'était un des nôtres, et je nageai dans cette direction, d'après les indications de Tom. Le premier éclair qui brilla me permit de me convaincre que je ne m'étais pas trompé. Toutefois, avant que nous eussions recommencé à nager, on nous héla, je répondis.

— Si vous avancez, nous faisons feu ! nous cria-t-on.

— Quel est ce bateau ? Laissez vos avirons, ou nous faisons feu.

Il était clair qu'on nous prenait nous-mêmes pour des ennemis, et je demandai quel était le schooner ; on ne me répondit point, quoique l'on continuât à nous menacer d'une décharge si nous approchions. Je me tournai vers Tom : Je connais cette voix, lui dis-je ; c'est celle du vieux Trant. Tom pensait que je me trompais ; alors je criai :

— Ceci est la chaloupe du *Fléau* ; notre schooner a coulé, et il faut que nous venions à votre bord.

Alors une voix cria :

— Est-ce vous, Ned ?...

C'était mon vieux camarade et condisciple, Jacques Mallet, contre-maître à bord de *la Julia*, dont était patron James Trant, l'un des plus originaux de la flotte, homme toujours disposé à joindre le geste à la parole. J'avais reconnu la voix de M. Trant, et je craignais qu'il ne tirât sur nous.

— Oh ! oh ! s'écria-t-il, par ici, camarades ; arrivez bord à bord.

Quelques coups de rame nous rapprochèrent de *la Julia*, où l'on nous reçut avec une bienveillance parfaite ; mes compagnons sortirent du bateau, pendant que je faisais à M. Trant un récit de ce qui s'était passé.

M. Trant me demanda dans quelle direction

le Fléau avait coulé, et aussitôt que je la lui eus indiquée, il appela Jacques Mallet de toute la force de ses poumons.

— Hé! hé! Jacques Mallet, prenez quatre hommes, descendez dans le canot, et voyez ce qu'il y a à faire. Prenez une lanterne, et placez-la à la hauteur de ma flottaison, afin de ne pas perdre mon bâtiment de vue.

Mallet obéit, et partit sur-le-champ.

M. Trant était d'origine irlandaise, mais il servait dans la marine américaine depuis la révolution, et mourut lieutenant, quelques années après cette guerre. C'était peut-être l'homme le plus connu de la marine, et aucun ne s'attirait plus de railleries par sa singularité, et plus de respect par son courage; on avait beaucoup d'égards pour lui, et il régnait en despote à son bord, n'ayant pas d'autre officier que Jacques Mallet, si toutefois ce dernier méritait un pareil titre. M. Trant était venu sur le lac avec le commodore, dont il était le favori, et avait joué un rôle important dans tous les combats qui s'étaient donnés. Sa passion était la haine des Anglais.

M. Trant appela les matelots échappés au désastre du *Fléau*, et leur demanda des détails; il nous donna à chacun un verre de grog, et en fit aussi distribuer à son équipage. Les matelots de *la Julia* nous donnèrent de quoi changer ; je reçus des habits de Jack Reilly, qui avait navigué avec moi, et avec lequel j'étais assez lié. Quoique la pluie eût cessé, nous nous habillâmes en bas, devant le feu de la cuisine.

Le canot de *la Julia* revenait au moment où je remontais sur le pont, il fut bientôt bord à bord ; il ramenait quatre hommes qu'il avait trouvés sur l'eau, où ils s'étaient soutenus jusqu'alors avec des avirons et des caillebotis. Ils appartenaient à *l'Hamilton* (lieutenant Winter), schooner qui avait coulé dans la même rafale : ils étaient épuisés, et descendirent comme nous à la cuisine.

J'avais été tellement excité par les événements de la journée et par le grog, dont j'avais fait abondamment usage, que je n'avais pas éprouvé d'abattement. Toutefois je dormis profondément jusqu'à six heures du matin.

Quand je montai sur le pont, la brise était douce, le jour riant et le lac uni comme un miroir. Notre flotte était en bon ordre, à l'exception du *Gouverneur Tompkins* (lieutenant Tom Brown), qui était du côté de dessous le vent, et mit toutes voiles dehors pour rejoindre le commodore.

M. Trant remarqua que les gens du *Tompkins*

désiraient nous parler en passant; il cargua la voile de misaine, afin de ralentir sa marche.

— Oh! oh! s'écria M. Tom Brown, deux des schooners, *l'Hamilton* et *le Fléau*, ont sombré cette nuit, car j'ai recueilli quatre hommes de *l'Hamilton*.

— Oh! oh! répondit M. Trant, ce n'est pas une nouvelle, car j'ai recueilli douze hommes, huit du *Fléau* et quatre de *l'Hamilton*.

Ce furent les seuls qui échappèrent de deux équipages, dont le total montait à plus de cent individus. Les deux commandants, le lieutenant Winter et M. Osgood, périrent. L'escadre avait fait peu de chemin depuis ce désastre; elle avait dû manœuvrer dans un cercle limité, car on voyait de nombreux débris flotter sur l'eau : des écouvillons, des rames, des caillebotis, etc. On crut reconnaître le chapeau du lieutenant Winter, et M. Trant ordonna de le repêcher; mais on fit d'inutiles tentatives à cet effet. On eut l'œil au guet pendant plusieurs heures sans apercevoir aucun naufragé, vivant ou mort, le lac avait englouti le reste des deux équipages, et *le Fléau*, comme on l'avait prédit souvent, était devenu le tombeau d'une multitude.

Les deux flottes passèrent la journée à s'observer, et firent quelques tentatives pour engager le combat ; mais, à vrai dire, j'étais si affecté de la perte de mes camarades, que je m'occupai peu de ce qui se passait. Tous mes canonniers étaient noyés, et il ne restait plus personne de l'équipage auquel j'avais été associé durant tout l'été. Bill Southard était aussi au nombre des morts, ainsi que tous mes compagnons de gamelle, à l'exception de Tom Goldsmith et de Samuel Bryant.

Je demeurai quelque temps sous l'influence d'impressions sérieuses et profondes, mais mes nouveaux collégues, dont quelques-uns avaient déjà navigué avec moi sur d'autres bâtiments, entreprirent de raffermir mon courage avec du grog ; j'oubliai promptement ce terrible événement, et j'ai sans doute fait depuis cinq ans plus de réflexions sur mon salut providentiel, que je n'en fis dans les vingt-quatre heures qui suivirent immédiatement le désastre.

La flotte jeta l'ancre dans le Niagara. M. Trant passa en revue ce qui restait de l'équipage du *Fléau*, et nous dit qu'il désirait nous garder à bord de *la Julia*. Je fus placé aux vergues, et j'eus pour poste de combat, en qualité de second chargeur, un long canon de trente-deux. Outre cette pièce, *la Julia* avait un canon de dix-huit livres sur pivot, et dans l'entre-deux des gaillards deux canons de six livres, dont on faisait peu d'usage, c'était un schooner de petite dimension, mais léger, monté par environ quarante hommes, et qui valait mieux en somme que *le Fléau,* quoiqu'il eût moins de canons.

L'escadre passa une nuit à la hauteur de l'embouchure du Niagara, appareilla le lendemain, et se mit à la poursuite des Anglais. Les deux escadres étaient en travers du lac, l'ennemi au vent et à l'arrière de notre flotte; *la Julia* passa à portée du commodore, qui nous donna ordre de former une nouvelle ligne de bataille. Notre ligne, composée des plus petits schooners, se plaça au vent, pendant que les vaisseaux, le brick et deux schooners plus gros formaient une autre ligne sous le vent; nous occupions l'extrémité de la ligne du vent, et *le Grondeur,* lieutenant Deacon, était le navire le plus voisin de nous à l'arrière; suivant les plans de bataille, la ligne du côté du vent devait engager le combat; puis, en s'écartant, attirer les ennemis sur la ligne de dessus le vent, en laquelle consistait notre principale force. D'après les ordres que nous avions reçus, nous devions nous écarter aussitôt que les Anglais auraient commencé leur feu, afin de les attirer sur le commodore; mais on verra que notre schooner manœuvra différemment.

Il était près de minuit quand les Anglais se

mirent à tirer sur *la Belle-Américaine*, le navire le plus à l'arrière de notre ligne de dessus le vent ; nous étions à une assez grande distance en avant et restâmes quelque temps sans prendre part au combat. Le feu devint vif à l'arrière, mais l'ennemi n'était pas assez loin à l'avant de notre schooner pour qu'il nous fût possible de lui riposter. Bientôt les quatre schooners qui étaient le plus en arrière de notre ligne débordèrent, conformément aux ordres ; mais *la Julia* et *le Grondeur* continuèrent leur route ; je suppose que les Anglais débordèrent aussi en même temps, selon les prévisions du commodore. Quoi qu'il en soit, au lieu d'arriver vent arrière sur l'ennemi, M. Trant fit virer de bord *la Julia*, et *le Grondeur* arriva tout plat près de nous. Notre schooner ouvrit alors son feu sur les plus gros vaisseaux de l'ennemi, qui s'approchèrent de nous. Quand nous fûmes par le bossoir du vent des Anglais, nous carguâmes la voile de misaine et envoyâmes à l'ennemi plusieurs volées à une bonne portée. Il nous répondit, et sembla dès lors oublier tous les bâtiments placés sous son vent pour ne s'occuper que de *la Julia* et du *Grondeur*.

La flotte anglaise, dans sa marche, nous sépara de notre ligne et nous donna ensuite la chasse. Un brick et un schooner anglais, *le Melville* et *le Loup*, nous serrèrent de près. Nos agrès commencèrent à tomber en lambeaux sur nous, et un boulet passa à quelques pieds au-dessus de nos têtes, coupa les écoutes du petit hunier, et enleva du grand mât un morceau de bois aussi gros qu'un boulet de trente-deux livres ; je montai au mât pour nouer une des écoutes, et quand je fus en haut, je reconnus toute l'importance de nos avaries. Bientôt après, la bourre d'un canon anglais mit le feu à l'amure de la grande voile, car nous étions bord à bord, et ce fut cette proximité même qui empêcha nos ponts d'être complètement balayés.

La mitraille tombait sur nos têtes comme de la grêle, et la misaine était découpée en rubans. Les drisses ayant été brisées, la grande voile s'abattit, ainsi que le foc. La vergue du hunier était sur le ton, et le schooner dérivait au gré du vent.

Cependant nous étions toujours à nos postes ; M. Trant allait d'un canon à l'autre, les pointait lui-même aussitôt qu'ils étaient chargés. Il était au canon de dix-huit au moment où notre situation devint désastreuse, et en s'éloignant il cria aux chargeurs :

— Bourrez-le, bourrez-le jusqu'à la gueule !

Il visita ensuite notre pièce, qui était déjà chargée d'un boulet, et de mitraille que j'y avais mise de mes propres mains.

Le Melville, brick anglais, était arrivé près de nous, et les matelots ennemis nous fusillaient du haut des hunes. Il nous serrait à bâbord, pendant que le schooner approchait rapidement de nous à tribord.

M. Trant dirigea notre canon de manière à balayer le gaillard d'avant du brick et cria :

— C'est le moment, camarades, feu, feu sur ces coquins !

Mais cet ordre ne put être exécuté ; on ne trouva pas de mèche, et je suppose qu'un matelot l'avait jetée à la mer. Le bâton du brick passait par-dessus notre hanche, et les Anglais envahissaient notre schooner. Les ennemis nous environnaient ; *le Loup* tirait encore, quoiqu'il fût à la portée de la voix. Le dernier de nos gens que je vis fut Mallet, qui passait à l'avant, et je m'assis sur la culasse du canon de trente-deux, triste et découragé.

Deux ou trois Anglais passèrent à côté de moi sans rien me dire. Une volée de balles fut encore tirée du haut des hunes du brick, elles sifflèrent à mes oreilles et atteignirent le pont et le canon sur lequel j'avais pris place. A cet instant même un officier anglais parut et me dit :

— Que faites-vous ici, canaille d'Américain ?

J'eus un violent accès de colère, et je répondis :

— Regardez donc vos imbéciles qui tirent sur leurs camarades !

— Voilà ce que vous méritez, répondit-il ; et il me frappa de son épée. La pointe glissa sur l'os de ma hanche et pénétra dans mes chairs. La blessure n'était pas dangereuse, mais elle saigna abondamment, et ne se guérit qu'au bout de plusieurs semaines.

Je me levai pour descendre, et j'entendis une voix qui hélait du haut des hunes du *Loup*.

— Avez-vous amené ? demanda-t-on.

L'officier qui m'avait blessé s'écria :

— Ne tirez pas sur nous, car je suis à bord, et j'ai pris possession.

Le commandant d'un autre bâtiment anglais cria :

— Y at-il encore des hommes de l'équipage vivants ?

— Je ne sais ; je n'ai vu qu'un homme, répliqua l'officier de prise.

Je descendis, et j'appliquai un bandage sur ma blessure pour arrêter le sang. Plusieurs Anglais s'étaient disséminés dans la cale, et, aidés de quelques-uns de nos gens, ils avaient défoncé deux barils de whiskey. On trouva les vivres et le pain, et tous les matelots, sans distinction de pays, s'assirent pour se régaler. Quelques-uns même se mirent à chanter, et il régna parmi la bande une fraternité aussi complète que s'il se fût agi d'une réjouissance à terre.

Au bout de quelques minutes, l'officier qui m'avait blessé descendit au milieu de nous.

— Holà, dit-il en voyant ce qui se passait, on fait du vacarme en bas!

Il appela un autre officier pour lui montrer ce plaisant festin et pour prendre possession du whiskey. Pendant cette opération, la plupart des Anglais remontèrent par l'écoutille d'avant. Tous les matelots de *la Julia* restèrent en bas.

En moins d'une heure, on les eut distribués à bord des bâtiments ennemis. Je fus conduit à bord du *Royal-George*, et M. Trant passa sur *le Loup*. *Le Grondeur*, après avoir perdu son beaupré et souffert encore d'autres avaries, avait été forcé d'amener pavillon. Il avait un homme tué et deux blessés. Le lieutenant Deacon périt quelques années plus tard, des suites d'un ébranlement cérébral. Un boulet qui frappa la grande vergue du *Grondeur* passa à peu de distance des oreilles du lieutenant, qui, depuis cette époque, souffrit constamment de la tête, du côté où il avait éprouvé la secousse. A sa mort, on lui trouva cette partie du cerveau malade et gonflée.

A bord de *la Julia*, je fus le seul homme blessé. On eût dit qu'un miracle nous avait préservés, car tous les bâtiments nous avaient pris pour point de mire, et nous avions été pendant quelque temps à portée de pistolet. Il est probable que l'ennemi tira trop haut.

En juillet, pendant que j'appartenais au *Fléau*, j'avais fait partie de l'équipage d'un canot que commandait M. Bogardus. Ce dernier avait été chargé de s'entendre avec un parlementaire qui était venu en rade, et nous l'avions accompagné à bord du navire anglais. Nous avions profité de l'occasion pour fraterniser avec les matelots, et nous étions convenus de nous bien traiter réciproquement, si nous étions faits prisonniers. Peu de temps après mon arrivée à bord du *Royal-George*, deux matelots du parlementaire m'apportèrent du grog et des vivres. Je les revis encore au moment où je quittai le vaisseau, et ils vinrent me serrer la main sur le passavant.

Le lendemain matin, après le déjeuner, on nous appela les uns après les autres dans la grande chambre. On essaya de tirer de moi des détails sur les forces américaines, le nom des bâtiments, l'importance des équipages, etc. Je fis la sourde oreille, et l'on me mit à la porte. J'allais sortir, quand je fus rappelé par l'un des lieutenants, dont la physionomie m'avait déplu tout d'abord.

Quoique huit ans se fussent écoulés depuis mon départ d'Halifax, et que nous fussions tous deux considérablement changés, je crus reconnaître M. Bowen, qui avait été mon condisciple, et que j'avais reconnu à bord du brick capturé dont j'ai parlé au commencement de ce récit.

Cet officier me demanda où j'étais né.

— A New-York, répondis-je.

— J'ai des raisons pour en douter.

— C'est pourtant la vérité pure.

— Comment vous appelez-vous ?

— Ned Myers.

— C'est en effet le nom qui est porté sur le registre du schooner *la Julia* ; mais je suis mieux informé, et vous aurez bientôt de mes nouvelles.

Si c'était mon ancien camarade, l'aspirant Bowen, il me connaissait encore sous le nom d'Édouard-Robert Meyers, tandis que j'avais supprimé le second prénom, et que je m'appelais par abréviation Myers. Il est possible toutefois que ce ne fût pas M. Bowen, et qu'il m'ait pris moi-même pour un autre, car je n'ai jamais eu l'occasion d'en savoir plus long sur son compte.

Nous entrâmes dans la rade de Little-York, et on nous envoya à terre le même soir. Je n'eus point de détails sur notre escadre, car je restai en bas tout le temps que nous fûmes à bord du *Royal-George*. Je ne pus découvrir si nous fîmes quelque mal ou non à l'ennemi la nuit de notre malheureuse défaite. Je me rappelle cependant qu'une caronade de soixante-huit livres, placée près du passavant du *Royal-George*, fut démontée pendant la nuit que je passai à bord de ce bâtiment. Il me sembla que les roues d'affût étaient enlevées.

A York, on nous mit en prison, où nous restâmes trois semaines. Notre traitement était mauvais de tous points, seulement nous n'étions pas entassés. Quant à la nourriture, nous eûmes quatre rations pour six, tant que je fus prisonnier. Le pain était détestable et le porc ne valait guère mieux. Tandis que nous étions en prison, une bande d'Indiens ivres nous lâcha en passant une décharge, qui heureusement ne nous fit aucun mal.

A la fin des trois semaines, nous reçûmes chacun un havresac et deux jours de vivres. Nos vêtements nous furent retirés, et on dit aux prisonniers qu'ils les retrouveraient en bas ; ce qui arriva, je crois, à peu d'entre nous. Quant à moi, je n'avais heureusement rien à perdre, tous mes effets avaient péri avec *le Fléau*. Je ne possédais rien sur terre qu'une chemise, deux mouchoirs et un vieux chapeau à bords rabattus, que j'avais reçu à bord de *la Julia*, en échange d'un bonnet écossais. J'étais sans souliers, et je restai ainsi jusqu'à mon arrivée à Halifax. Mais je n'avais guère souci de tout cela, car mon caractère était léger et jovial. Une seule crainte me préoccupait : c'était celle d'être reconnu par suite des révélations de l'officier dont j'ai déjà parlé.

Nous nous mîmes alors en route pour Kingston, sous la garde d'un détachement de Glengariens et d'une troupe d'Indiens. Ces derniers marchaient à côté de nous, et nous avaient avertis qu'ils tireraient sur nous et nous enlèveraient la chevelure si nous sortions des rangs. Nous marchions deux par deux, au nombre d'environ quatre-vingts. Nous eûmes du mal les deux ou trois premiers jours, car les routes étaient mauvaises et nous couchions à la belle étoile. Mes pieds devinrent très-douloureux ; et pour nourriture nous n'avions que du porc cru, faute de vases pour le faire cuire.

Après une marche de plusieurs jours, nous arrivâmes à un village non loin de Kingston. Je vis un assez grand nombre d'oies, et il me prit fantaisie d'en avoir une pour souper. Je dis à Mallet que, s'il voulait se charger de faire cuire une oie, je me faisais fort d'en tuer une. L'affaire fut conclue, et, ramassant un bâton, je le lançai sur une troupe d'oies et j'en abattis une, que je ramassai; mais sur l'avertissement de mes camarades, j'allai me cacher derrière un tronc d'arbre, ne sachant pas de quel côté pouvait venir le danger. Bien m'en prit, car deux Indiens firent feu sur moi. Une balle frappa le tronc, l'autre passa juste au-dessus de ma tête. Un officier de la milice survint au galop et fit éloigner les Indiens, qui accouraient vers moi, je pense, pour me scalper la peau du crâne. Cet officier me fit une réprimande, mais il me parla avec douceur et même avec bonté. Je lui dis que j'avais faim, et que j'avais besoin de manger quelque chose de chaud.

— Mais vous commettez un vol, me dit-il.

— Je vole un ennemi.

— Qu'en savez-vous ? c'est peut-être un ami, me répondit-il d'un air significatif.

— Eh bien ! si c'est un ami, il ne peut pas me refuser une oie, répliquai-je.

L'officier se mit à rire, et me demanda comment je pensais la faire cuire. Je lui répondis qu'un de mes camarades s'en était chargé. Il me dit alors d'emporter l'oie dans les rangs, et d'aller le trouver quand nous ferions halte pour la nuit. Je fis ce qui m'était recommandé, et il nous donna une casserole, des pommes de terre, des ognons, etc. De tout cela nous fîmes le seul bon plat que nous eussions mangé pendant la marche. Je puis dire que ce fut le dernier bon et franc morceau que je mangeai jusqu'à mon arrivée à Halifax, plusieurs semaines après. De Halifax, nous fûmes transportés dans l'île Melville.

Quand je franchis le seuil de la prison, il y avait dans l'île douze cents Américains et quelques Français ; entre autres les gens de l'équipage de *la Ville de Milan*, vaisseau qui avait été capturé avant mon premier départ d'Halifax, c'est-à-dire plus de huit ans auparavant. Ces pauvres gens s'étaient faits à leur sort, et se regardaient comme chez eux ; tous les prisonniers étaient traités de même et passablement. Les Anglais, tout naturellement, nous donnaient quatre rations pour six, mais nos compatriotes comblaient la différence comme à bord du *Centurion*. Ils avaient un uniforme de prison ; une jambe de la culotte était jaune, et l'autre bleue, etc., mais nous ne voulûmes pas nous soumettre à cela. Notre agent fit si bien, que nous eûmes des jaquettes et des culottes de la couleur ordinaire. Les pauvres Français, sous leur accoutrement, ressemblaient à des paons ; mais nous n'avions pas leur éclat.

Il y avait une quinzaine de jours que j'étais dans l'île, lorsque Jacques Mallet me dit qu'une femme, qu'il croyait être ma sœur, était à la porte. Jacques savait toute mon histoire, et ce qui l'avait amené à penser que c'était ma sœur, c'est la ressemblance qu'il avait remarquée entre moi et la personne qui m'avait demandé. Je refusai cependant de me présenter à la porte pour savoir qui c'était, et je renvoyai Jacques dire à cette femme qu'on m'avait laissé aux Bermudes. Je le priai de lui faire entendre qu'il était à désirer qu'elle ne revînt pas me demander, et qu'elle s'abstînt de prononcer mon nom. Tandis que ce colloque avait lieu, j'étais posé de manière à voir cette femme. Je la reconnus à l'instant, bien qu'elle fût mariée et qu'elle eût un fils avec elle, et j'eus peine à me contenir surtout lorsque je la vis verser des larmes. Elle s'éloigna cependant, et monta sur les remparts, d'où elle pouvait voir dans le préau de la prison. Elle resta là une heure comme pour se convaincre de ses propres yeux de la véracité de Jacques. Mais j'eus soin de ne point me montrer.

Sachant qu'il n'y avait guère à espérer un échange de prisonniers, je songeai aux moyens de m'évader. Jacques Mallet n'osait pas se risquer à la nage, à cause des rhumatismes et des crampes ; car il l'avait échappé belle à Bermude, et il ne put entrer dans nos projets. Quant à moi, je savais nager depuis la rude leçon que le danger m'avait donnée la nuit que *le Fléau* coula. Il me fallait de l'argent pour favoriser ma fuite, et Jacques Mallet et moi nous avisâmes aux moyens d'en avoir. J'avais encore dix dollars, et je commençai mes opérations par acheter des actions dans un jeu de dés, une table de vingt-et-un et un loto. Jacques Mallet et moi nous formâmes une boutique avec un capital de trois dollars. Nous vendions des harengs saurs, des pipes, du tabac, des cigares de la bière, et du rhum de la Jamaïque toutes les fois que l'occasion se présentait d'en introduire par fraude. Quand j'eus assez d'argent, je songeai à mon évasion. Mes associés étaient un homme appelé Johnson, qui avait été pris à bord du corsaire *le Snapdragon*, et un Irlandais, nommé Littlefied. Barnet, indigène de Mozambique, se joignit aussi à nous ce qui faisait quatre en tout.

La nuit choisie pour l'exécution de ce projet était si froide, si noire, si désagréable, que toutes les sentinelles s'étaient réfugiées dans leurs guérites. Par-dessus le marché, il pleuvait à verse. Vers huit heures, c'est-à-dire dès que l'on eut éteint les lumières, nous attachâmes les cordes de nos hamacs à deux des barreaux des fenêtres, et, nous servant d'une bûche en guise de levier, nous les fîmes ployer : ce qui forma un vide suffisant pour que nous pussions passer sans peine ; Jacques Mallet et les autres qui restaient redressèrent ensuite les barreaux, de sorte que les gardiens ne purent deviner comment nous nous étions évadés. Nous ne trouvâmes aucun obstacle entre la prison et l'eau. Nous écartâmes les piquets que nous avions coupés pendant la journée. Bref, deux ou trois minutes après avoir quitté nos camarades nous étions sur le rivage de l'île. Le plus difficile nous restait à faire. Nous entrâmes immédiatement dans l'eau, et nous nous mîmes à nager. J'étais déjà éloigné de quelques toises de l'embarcadère situé tout près du corps de garde, lorsque Johnson se mit à crier qu'il se noyait. Je lui dis de se tenir tranquille, mais ce fut inutile. La garde l'entendit et fit feu ; comme de juste nous nageâmes de plus belle. Trois d'entre nous eurent bientôt atteint le rivage ; et, comme je connaissais les chemins, je conduisis mes compagnons du côté où nous ne risquions

4

pas de rencontrer les soldats. Nous nous tirâmes de ce pas en nous réfugiant dans les bois ; mais le pauvre Johnson fut repris. Il le méritait bien pour avoir crié comme il l'avait fait.

Nous courûmes tous les trois pendant un quart de mille dans les bois, après quoi nous nous arrêtâmes pour boire un coup. N'entendant plus de coups de fusil ni rien d'inquiétant, nous nous consultâmes sur la route que nous avions à suivre. Il y avait quelques moulins à l'entrée de la baie, à environ quatre milles du corps de garde, et je me dirigeai de ce côté. Nous arrivâmes vers le matin et nous nous procurâmes un logement avant que personne fût éveillé. Nous nous cachâmes dans un ancien grenier, mais personne ne parut de toute la journée. Nous avions mis dans nos chapeaux un peu de pain et quelques harengs, nous vécûmes là-dessus. Le rhum nous remit un peu de courage au cœur ; et si le rhum a jamais fait du bien, c'est, je crois, ce jour-là. Nous prîmes quelque repos tandis que l'un de nous faisait le guet ; c'est une précaution que nous observâmes tout le temps que dura notre expédition. La pluie cessa le lendemain, mais le temps resta excessivement froid.

La nuit suivante nous allâmes rejoindre une rivière au-dessus du pont. Là nous rencontrâmes deux Indiens avec qui nous liâmes conversation. C'est alors que notre rhum nous fut plus utile que jamais : en une minute nous eûmes gagné les deux Indiens. Nous leur dîmes que nous étions déserteurs du *Bulwark*, et nous les priâmes de nous servir de guides. D'abord ils nous prirent pour des Américains, pour lesquels ils avaient manifestement une cordiale aversion ; mais ils mordirent à l'histoire de notre désertion, et se trouvèrent tout disposés à nous secourir.

Les deux Indiens nous conduisirent jusqu'au lit du fleuve, sous le pont ; là nous trouvâmes une trentaine de ces Peaux-Rouges, hommes, femmes et enfants. Nous n'y passâmes pas moins de trois jours, fort bien nourris, mangeant du pain, du beurre, du poisson. Le troisième jour, à peine étais-je endormi, que je fus réveillé par des chevaux et des cris. Je me levai et vis cinq cavaliers presque sur nous ; l'un d'eux s'écria :

— Les voici, enfin nous les avons trouvés !

Ces mots ne laissaient aucun doute sur la nature de leur mission, et nous fûmes tous repris. On nous amena à Halifax, où nous fûmes mis au cachot. On nous surveilla dorénavant de manière à rendre toute évasion impossible, et je restai en prison jusqu'à la paix du mois de mars 1815.

Après ma délivrance je me trouvai totalement séparé de mes compagnons, et pour ainsi dire entouré d'étrangers. Jacques Mallet était allé rejoindre ses amis à Philadelphie, et Barnet avait dirigé ses pas dans le Sud ; où ? je ne sais ; je ne les ai plus rencontrés depuis, car le sort des marins est de se trouver en compagnie dans les plus grands risques et les plus rudes fatigues, puis de se quitter sans plus de cérémonie et de se perdre à tout jamais de vue.

Toutefois, je trouvai à Halifax deux anciennes connaissances de prison, Tibbets et Wilson. L'un était patron et l'autre second à bord du brick *la Suzanne*, qu'ils avaient frété ; je m'y embarquai avec le titre de second lieutenant. L'équipage se composait de quatorze individus.

On mit à la voile au mois de janvier 1818, en charge pour Belfast. Nous quittâmes la côte avec un grain violent du nord-ouest, qui nous força de mettre en panne, la mer étant trop grosse pour courir devant le temps ; cependant, comme le navire embarquait beaucoup d'eau, on déploya de nouveau les voiles pour fuir vent arrière. Le reste de la traversée ne présenta pas de dangers, et le **vingt-huitième** jour, dans l'après-midi, par un temps brumeux, on signala la côte d'Irlande. Le vent soufflait avec force et nous poussait directement vers la terre; *la Suzanne* avait tous ses ris pris, et nous crûmes nécessaire de carguer les voiles. Nous reconnûmes les inconvénients des vieux agrès quand il fallut défoncer la voile du petit hunier, la misaine, le petit foc, et enlever les écoutes; nous réussîmes toutefois à carguer la voile de misaine, et je montai sur la vergue pour l'arranger. La nuit approchait et le vent soufflait avec tant de force, que deux hommes n'auraient pas été de trop pour retenir les cheveux sur la tête d'un troisième. Je ne sentis pas d'abord l'imminence du péril, occupé que j'étais de changer de linge et de prendre des habits secs et chauds. A minuit, malgré mes précautions, nous arrivâmes ayant les amures à bâbord, et le vent déchira notre misaine; je n'éprouvais pas encore de vives alarmes, mais Tibbets et Wilson étaient dans des transes mortelles, parce qu'ils redoutaient le cap Clair. J'eus quelques discussions avec eux, parce que je leur proposai de virer lof pour lof, prétendant que nous éviterions le cap en courant la bordée de tribord. Cette dissidence de nos opinions mit du froid entre nous et nous n'échangeâmes que peu de paroles pendant cette nuit; je regrettais de m'être embarqué sur un pareil vaisseau. Les propriétaires avaient eu trop peu de ressources pour le gréer convenablement, et ils étaient trop à mon niveau pour m'inspirer du respect.

On raccommoda le petit hunier et la voile de misaine ; mais elles ne purent durer longtemps, et il ne resta au brick qu'une grande voile qui avait tous ses ris pris. Il pleuvait, il ventait à faire frémir, et les lames nous inondaient. Les matelots, découragés, descendaient ou se regardaient sans rien faire ; les ténèbres étaient d'ailleurs si épaisses qu'on ne pouvait voir d'un bout à l'autre de *la Suzanne* ; j'allai trouver Tibbets à l'arrière.

— C'en est fait, lui dis-je, nous sommes perdus !

— Pas encore, répondit-il ; la baie est profonde et le jour peut revenir avant que nous manquions de fond.

— Il est vrai que nous ne sommes pas sur les brisants : mais nous sentons déjà l'influence de la houle de terre.

— Que voulez-vous que j'y fasse ? répliqua Tibbets.

Les matelots demeuraient calmes, et aucun ne songeait à boire, comme le font souvent les marins dans les circonstances difficiles. Une heure après ma conversation avec Tibbets, j'aperçus les brisants sous notre vent, et je m'écriai :

— Garde à vous ! tenez-vous bien, voici l'écueil !

Au même instant le brick s'éleva sur une lame, retomba et toucha. Le choc me renversa, quoique je me tinsse solidement accroché au cargue-point d'une voile ; j'entendis craquer le grand mât ; *la Suzanne* roula sur l'extrémité de ses baux, se redressa, avança sur la crête d'une lame et s'enfonça de nouveau avec une force qui menaçait de la briser. Je songeai au grand mât et me jetai en avant pour ne pas être écrasé par sa chute ; j'eus à m'applaudir du parti que j'avais pris, car, d'après la secousse que j'éprouvai, il me sembla que les œuvres vives se séparaient du fond. J'étais seul sur le pont, et Tibbets était la dernière personne à laquelle j'avais parlé.

Une demi-minute s'écoula entre le moment où j'atteignis le guindant et celui où j'aperçus une lame d'une hauteur énorme, blanche et écumante, qui s'élevait sur le vaisseau. A cet aspect sinistre, je saisis instinctivement les bitords ; je me rappelle que l'eau me passa sur le corps, et que je fus retrouvé au milieu des agrès brisés, mais voilà tout.

Quand je repris mes sens, j'étais dans une cahute de terre. Une vieille femme et sa fille me prodiguaient des soins dont j'avais grand besoin, car j'étais blessé à la tête, et j'avais tous les membres endoloris. Par bonheur aucun de mes os n'avait été brisé. On m'avait bandé la tête, et l'on m'avait coupé les cheveux presque ras sur le front.

C'était un vieux pêcheur, mari de ma garde-malade, qui m'avait trouvé sur la côte, entre deux rochers, la figure contre terre. Il n'y avait rien auprès de moi, pas même un bout de corde ni un morceau de bois. Deux matelots de *la Suzanne* avaient été trouvés également à peu de distance, tous deux vivants, mais grièvement blessés. L'un d'eux avait la cuisse cassée. Il ne restait pas le moindre vestige des autres gens de l'équipage, et je n'ai jamais entendu dire qu'on eût recueilli leurs corps. Tibbets et Wilson avaient disparu avec la vieille prise qu'on aurait mieux fait de laisser aux Anglais.

Quant à moi, après trois semaines de travaux et de dangers, j'étais jeté nu sur les rivages d'Irlande. J'avoue à regret que j'étais plus disposé à murmurer contre la Providence qu'à m'humilier devant ses décrets. J'avais à peine des idées religieuses; tout ce que l'on m'en avait inculqué dans mon enfance était déjà perdu, et dans cette disposition d'esprit j'étais naturellement plus mécontent de mes fatigues que reconnaissant de mon salut.

Je ne quittai le lit que huit jours après le naufrage. Les bons Irlandais m'accablèrent de prévenances, et leur conduite fut d'autant plus digne d'éloges, qu'ils n'avaient à attendre aucune récompense que celle qu'accorde le ciel aux gens miséricordieux. Néanmoins, ils me traitèrent comme leur fils, me nourrirent, me veillèrent, me chauffèrent, sans recevoir autre chose que mes remercîments. Je passai trois semaines avec eux sans pouvoir rien faire, mes contusions m'interdisaient toute espèce de travail.

La perte de *la Suzanne* avait été complète ; on n'en trouva pas même assez de débris pour en construire une chaloupe. La cargaison avait péri comme sa coque, que les vagues n'eurent pas de peine à mettre en pièces. On avait emmené les deux matelots survivants dans une chaumière éloignée de celle où je reçus l'hospitalité ; et n'ayant pas de souliers, je ne pouvais m'aventurer sur les galets pour aller voir mes pauvres camarades. Je reçus de leurs nouvelles et leur fis parvenir des miennes ; mais je n'ai plus vu un seul individu de l'équipage du brick.

Un chasse-marée vint à passer près de mon asile par un temps calme. Le pêcheur se rendit à bord, raconta mon histoire, et m'obtint un passage gratuit pour Liverpool. Je pris congé de mes hôtes en leur laissant tout ce que j'avais, l'expression de ma sincère reconnaissance. A bord du chasse-marée, je fus cordialement accueilli, et l'on n'exigea de moi aucun travail. Nous atteignîmes Liverpool le second jour. Je descendis à terre, et retrouvai Molly Hutson, aubergiste, où avait logé jadis l'équipage du *Sterling*. La vieille femme me procura quelques habits, me reçut affectueusement et plaignit mon malheur.

Comme il ne s'agissait pas de rester les bras croisés, je pris du service à bord du *Robert Burns*, et mis à la voile pour New-York. L'on ne me donnait pas d'appointements, mais je n'eus pas à me plaindre de mes nouveaux compagnons, et notre traversée fut courte eu égard à la mauvaise saison.

Mes camarades s'entretenaient fréquemment des avantages qu'il y aurait à faire un voyage sur les côtes d'Irlande pour y frauder du tabac. Je résolus d'en essayer.

Je m'embarquai sur un petit schooner construit en forme de bateau-pilote, et appelé *le Mac Donough*. Il était destiné à fournir aux compatriotes de mon brave pêcheur d'excellent tabac à mon marché. Notre cargaison était divisée en petites balles portatives. L'équipage se composait de dix-sept hommes, et nous n'avions d'autres armes que des pistolets. Le schooner était un voilier d'une allure coquette, et portait deux flèches-en-queue seulement.

On découvrit la terre au bout de quatorze jours; nous étions en vue du port de l'île de Tory, sur la côte nord-ouest d'Irlande. Nous arrivâmes de jour, et fîmes un signal auquel on répondit dans le cours de la journée en allumant du feu sur des rochers. Un grand bateau s'approcha de nous, et nous le remplîmes de tabac le même soir. Dans le courant de la nuit on chargea quatre ou cinq autres bateaux; mais à l'aube du jour on serra le vent et l'on gagna le large.

Le lendemain soir nous restâmes près de terre; et après avoir chargé de nouvelles barques, nous nous éloignâmes comme devant; quand nous apercevions un bateau, nous le hélions, et nous lui demandions :

— Êtes-vous en charge pour l'étranger?

Si la réponse était satisfaisante, nous carguions la misaine et laissions le bateau venir bord à bord.

Ce commerce dura une semaine entière; tantôt nous n'avions affaire qu'à un seul bateau pendant toute une nuit, tantôt il nous en arrivait trois ou quatre. Nous avions écoulé environ les deux tiers de notre cargaison, et un canot venait de nous quitter, le matin du sixième ou septième jour, quand nous aperçumes un brick de guerre en chasse, qui faisait le tour de l'île de Tory. A cette vue nous prîmes la fuite, poursuivis par le brick, qui nous serra de près pendant deux jours et une nuit. Il nous gagnait de vitesse, quoique le schooner marchât lestement, et le second soir, au coucher du soleil, il était si près de nous que nous distinguions les matelots sur le pont. Il ventait frais ; la nuit était sombre et pluvieuse, et notre patron, ne pouvant se débarrasser de son ennemi par la force, résolut d'avoir recours à la ruse. Aussitôt que les ténèbres nous eurent dérobé la vue du brick, on vira vent devant, on abattit toutes les manœuvres, et l'on éteignit les lumières. Après être restés trois heures dans cette situation, nous fîmes force de voiles vers l'île de Tory ; nous n'avons jamais entendu parler du brick, qui pourrait être encore à notre poursuite.

Le lendemain notre signal flotta de nouveau, et la fumée s'éleva pour y répondre du haut des rochers ; huit jours nous suffirent pour nous débarrasser du reste de notre tabac, et *le Mac Donough* cingla vers New-York immédiatement :

nous n'avions pas été plus de deux mois absents, et notre part fut de cent dollars.

C'est la seule fois que j'aie tenté la contrebande de tabac.

J'avais rencontré une jeune fille d'un extérieur agréable et d'une famille honnête. Elle avait son père et sa mère ; le premier ne contraria pas mes inclinations, mais la vieille, naturellement plus attentive, m'interrogea sur mes intentions. Les mères, en de semblables circonstances, sont toujours averties plutôt que les pères ; je demandai la main de Sarah, mais l'on ne me trouva pas assez rangé ; je crois que la jeune fille ne partageait pas cette opinion ; si nous avions été libres, nous nous serions mariés, quoique je désirasse être officier avant de contracter un engagement aussi sérieux. J'ai quelquefois soupçonné les parents de Sarah d'avoir contribué à me faire rembarquer, car ils étaient liés avec le capitaine qui me proposa la place de lieutenant à son bord. Je consentis avec quelque répugnance, mais je réfléchis en somme que c'était le meilleur parti à prendre ; ma raison triompha de mon amour, et je me séparai de Sarah.

Je partis donc en qualité de lieutenant sur le navire *le William and Jane*, en charge pour la Hollande et Canton. Mes adieux avec Sarah furent pleins de regrets, et nous maudîmes tous deux le sort qui nous empêchait de rester éternellement unis. Je fus absent vingt mois, et je retrouvai Sarah toujours fidèle. Cependant je ne quittai pas le navire; mais comme j'étais encore médiocrement familiarisé avec les observations de distances, je fus obligé de baisser d'un grade, et de me contenter de celui de sous-lieutenant. L'équipage passa un mois à New-York, et j'eus beaucoup de peine à ne pas m'enfuir avec Sarah; mais j'esquivai de mon mieux les écueils; je donnai à ma fiancée une timbale d'argent, en lui disant de la porter à un bijoutier, et d'y faire graver nos chiffres entrelacés; on verra plus tard quel fut le résultat de cette démarche.

Avant de nous remettre en mer, il y eut une espèce de révolte à bord du *William and Jane*, les équipages refusant de mettre à la voile avec un nouveau premier lieutenant qu'on avait recruté. On finit par lui trouver un remplaçant, et l'on appareilla aussitôt. Je crois qu'aucun bâtiment ne s'est jamais mis en route avec des conditions pareilles à celles qu'exigèrent nos matelots. Ils demandèrent à avoir une forte ration d'eau par jour, et à faire en bas le quart du matin. On rédigea les clauses du traité, et les discussions survenues nous retardèrent considérablement.

Notre traversée fut de deux cent dix jours. En atteignant les vents alizés, nous décapelâmes successivement tous les haubans, visitant avec soin toutes les parties du navire, et remettant de nouveaux agrès aux mâts inférieurs. Ces manœuvres ne ralentirent pas notre course, car nous courions toujours vent arrière. Nous rencontrâmes un vaisseau anglais, appelé *le Général Blücher*, et voguâmes de conserve avec lui durant une quinzaine. Pendant que les deux bâtiments étaient ensemble, un brick étranger nous donna la chasse pendant plus de quatre jours consécutifs. Il nous épiait évidemment, et nous le soupçonnions d'être un pirate. Comme nous avions six canons et trente et un hommes d'équipage, et que *le Général Blücher* était d'une force au moins égale, les deux capitaines pensèrent qu'en se tenant côte à côte ils empêcheraient l'ennemi de nous attaquer, et le combattraient avec avantage s'il osait se mesurer avec nous. De temps en temps le brick s'approchait pour nous observer, et disparaissait ensuite à l'arrière. Tout à coup il pinça le vent, et s'éloigna. *Le William and Jane* aurait été de bonne prise, car nous n'avions pas à bord moins de deux cent cinquante dollars d'Espagne.

Un grain violent nous sépara du *Général Blü-*

cher. Après avoir jeté du lest, et changé de place nos saumons de plomb, le *William and Jane* marcha plus aisément. Nous arrivâmes sans mésaventure au large de la terre de Van-Diemen. Deux jours après, un mousse tomba de la vergue du petit perroquet en prenant des ris aux drisses des bonnettes. Je venais de dîner, et j'étais de quart en bas quand j'entendis crier :

— Un homme à la mer !

Je courus sur le pont, je sautai dans un canot, suivi de quatre matelots, et l'on nous descendit immédiatement. J'entendis le pauvre mousse m'appeler par mon nom en me demandant du secours, mais je le perdis de vue aussitôt que le canot fut à la mer. Le capot de l'écoutille vitrée était tombé par-dessus le bord et flottait dans les eaux du navire. Malgré nos efforts, il nous fut impossible de repêcher le noyé. Nous retrouvâmes son chapeau et le capot de l'écoutille ; mais quant à lui, il avait disparu. Après l'avoir cherché inutilement, nous recueillîmes le capot ; et, pendant que nous l'attachions dans notre canot, un coup de vent faillit nous renverser. Nous avions été trop occupés jusqu'alors pour regarder autour de nous ; et quand nous eûmes achevé notre ouvrage, le *William and Jane* avait disparu ! Nous étions abandonnés au milieu de l'Océan, dans une pinasse à six rames, sans nourriture, et presque sans vêtements. Je n'avais, pour ma part, que mon caleçon et une chemise de flanelle. Par bonheur, le capitaine gardait dans chaque embarcation un baril d'eau fraîche, et nous en avions assez pour deux ou trois jours.

Toutes nos embarcations avaient des voiles; mais on avait mis sécher celles de la pinasse sur le gaillard d'arrière, et nous n'avions plus d'autre ressource que nos avirons. Nous ramâmes d'abord sous le vent; mais le brouillard était si épais qu'on ne voyait pas à une encâblure de distance, et nous fîmes de vaines recherches pour trouver le bâtiment dans cette direction. Au bout d'une heure et demie de fatigues, nous cessâmes de ramer pour tenir conseil. Je proposai de nous diriger au vent du côté de la terre. Si le *William and Jane* était à notre recherche, il devait rôder en vue de la côte; et si nous ne le rencontrions pas, nous avions des chances pour aborder. Mes camarades ne voulaient pas quitter la place, pensant que le navire y reviendrait; mais je leur fis entrevoir la triste perspective de mourir de faim, et ils se rangèrent à mon avis

Le brouillard persista durant toute l'après-midi, la nuit et le lendemain matin jusqu'à midi. Nous étions sans boussole, et gouvernions d'après la direction du vent et de la mer. Quelques éclairs nous permirent d'apercevoir une ou deux étoiles pendant la nuit, et, durant le jour, un horizon de quelques milles autour du bateau; mais aucun navire n'était en vue. La force du vent contrariait notre marche, et tout ce que nous pouvions faire, c'était de tenir tête à la mer. Nous aurions avancé davantage en employant quatre avirons, mais nous préférâmes nous relayer, et deux de nous ramaient pendant que les deux autres essayaient de se reposer sous l'abri du capot de l'écoutille.

Je gouvernai aussi longtemps qu'il me resta des forces; mais je fus obligé de prendre les rames à mon tour pour me réchauffer. Vingt-six heures s'écoulèrent dans cette situation, et je les compte au nombre des plus tristes que j'ai passées.

Vers le milieu du jour, l'un de nous crut entendre le bruit lointain d'un coup de canon; tous prêtèrent l'oreille, et, après avoir écouté attentivement pendant un quart d'heure, nous entendîmes distinctement, sous notre vent, le retentissement d'un coup de canon.

Ce signal produisit sur nous un miraculeux effet. Je saisis le gouvernail, et mes quatre compagnons se mirent à ramer avec vigueur. Les coups de canon se succédèrent de quart d'heure en quart d'heure, et, à notre grande joie, le bruit approchait de plus en plus ; enfin, j'aperçus *le William and Jane* à deux milles de nous, courant la bordée de tribord, les voiles orientées au plus près, ayant ses perroquets déployés par-dessus ses huniers, où l'on n'avait pris qu'un ris. Il gagnait à l'avant de notre pinasse, et, si nous ne l'avions vu aussi distinctement, nous aurions dépassé ses eaux, et notre perte eût été certaine. Nous changeâmes de direction ; mais comment une faible barque pouvait-elle atteindre un bâtiment aussi léger ? La vue du *William and Jane* redoublait notre anxiété, car nous sentions toute l'imminence du péril. Je n'oublierai jamais les sensations qui firent battre mon cœur, quand je vis le navire lever le grand foc et carguer la voile. La misaine et la voile de perroquet furent également carguées, et l'on coiffa le petit hunier. Nous étions désormais en sûreté, et au bout de quelques minutes nous arrivâmes bord à bord.

Nous étions épuisés de faim et de fatigue. Trop faiblement couvert pour me garantir du froid, j'avais souffert plus que mes compagnons d'infortune. Je pense que nous n'aurions pu résister un jour de plus, à moins de recourir à la cruelle ressource que les matelots ont trop souvent eu occasion d'employer.

Le capitaine et l'équipage furent charmés de nous voir. On avait tenté plusieurs manœuvres pour nous retrouver; puis on avait résolu de virer au vent, en faisant de courtes bordées, jusqu'à ce qu'on fût en vue de la terre. Ce fut cette décision qui nous sauva.

Quand nous fûmes à la latitude du port Jackson, on donna à l'équipage une moitié d'eau au lieu de trois quarts stipulés dans l'engagement. Cette mesure causa une révolte, et les matelots refusèrent le service. Le capitaine profita de ce que les matelots étaient en bas pour fermer l'écoutillon; puis il passa en revue six hommes et trois mousses qui séjournaient à l'arrière, et dont je faisais partie.

— Voulez-vous, nous dit-il, conduire le navire à Canton, ou relâcher au port Jackson, et y renouveler notre provision d'eau ?

D'après mon calcul, il fallait environ soixante-quinze jours pour se rendre à Canton; mais lui-même était d'avis de continuer notre marche, ce dont nous lui signalions la difficulté. Il y avait vingt hommes en bas, et il était au moins gênant de les y contenir pendant une traversée de huit ou dix milles. L'entassement pouvait causer la mort de quelques-uns ; nous étions armés, et l'avantage de la position nous permettait de ne pas les craindre ; mais nous reculions devant l'obligation de conduire un bâtiment de cinq cents tonneaux à une grande distance. En outre, l'équipage était dans son droit, puisqu'on n'observait pas les clauses du contrat ; et la nécessité de restreindre la ration d'eau cesserait dès que nous aurions relâché.

Le capitaine céda à nos raisonnements, et trois jours après nous étions au port Jackson. On envoya les mutins en prison, et nous passâmes une quinzaine à laver le bâtiment. Il était impossible de remplacer l'équipage ; il fallait se confier aux matelots rebelles et les recevoir à bord, au risque d'un nouvel esclandre ; on les reprit donc aussitôt que le *William and Jane* fut en état d'appareiller, et ils se conduisirent à merveille. Les gens indisciplinés se montrent d'une douceur rare lorsqu'on les a une fois domptés. Aucune rebellion n'est dangereuse lorsque les officiers en sont prévenus à temps, et qu'ils sont déterminés à l'étouffer.

De Canton, notre navire alla au Texel, où je trouvai deux lettres de New-York, l'une de Sarah, l'autre d'une amie. Sarah avait épousé le bijoutier même qui avait gravé nos chiffres sur la timbale d'argent. Lorsqu'elle lui avait apporté cette misérable timbale, cet homme avait vu la jeune fille pour la première fois, il en était devenu amoureux; et comme il était dans une position avantageuse, il avait été accepté. Sarah confessait ses torts, me disait qu'elle n'avait pu résister aux ordres de ses parents, aux conseils de ses compagnes, et qu'elle était bien malheureuse.

En de telles circonstances, je ne me souciais pas de retourner à New-York; je résolus de quitter le *William and Jane*, et je donnai ma démission.

Il y avait au Texel, en charge pour Canton, un petit navire de Baltimore, appelé le *Wabash*; j'y entrai en qualité de matelot du mât de misaine. Mon plan était de le quitter en Chine, et de rester à jamais au-delà des caps. La perte de mes illusions matrimoniales m'avait accablé, et je voulais me tenir aussi loin que possible de l'Amérique. Cette circonstance essentielle de ma vie eut une grande influence sur mon avenir. J'avais vingt-sept ans; et quand à cet âge un homme est mis en demeure de réfléchir, il adopte un plan de conduite dont il ne se départ plus désormais.

A Canton je fis part de mes projets au capitaine du *Wabash*, et il me laissa sur le territoire du Céleste Empire avec une centaine de dollars dans ma poche et une garde-robe bien montée. Ainsi tout allait bien, et je m'occupai à loisir de chercher une place. Quelques jours après avoir quitté *le Wabash*, je m'embarquai comme sous-lieutenant à bord d'un navire anglais qui était à l'ancre à Whampoa, et qui faisait la contrebande de l'opium. Ce fut la première et la dernière fois que je naviguai sous pavillon britannique ; car si les couleurs anglaises ont flotté sur ma tête dans plusieurs autres traversées, on ne pouvait dire pour cela que je fusse sous pavillon anglais.

Notre nouveau bâtiment était *l'Espérance*, de Calcutta, commandée par le capitaine Kid ou Kyd, peu importe l'orthographe. Ce navire avait tenu le rang de frégate dans la marine portugaise ; il était si vieux qu'on ignorait la date précise de sa construction, mais il marchait supérieurement. Son équipage se composait principalement de Lascars (matelots indiens), auxquels se joignaient en petit nombre des Européens et des nègres, comme c'est l'ordinaire à bord des contrebandiers de la Chine. Ma paye n'était pas forte, mais les denrées étaient à si bas prix, que j'étais à même de faire des économies, et les profits casuels n'étaient pas à dédaigner ; la nourriture du bord était excellente.

Quand je m'embarquai sur *l'Espérance*, elle avait une bonne quantité d'opium qu'elle passa avant de mettre à la voile. Comme ce commerce interlope a fait grand bruit dans ces derniers temps, je donnerai quelques détails sur la manière dont il s'opérait. Je ne chercherai pas plus à justifier la contrebande de l'opium que je n'ai excusé celle du tabac; si j'étais aujourd'hui forcé de choisir entre les deux, j'aimerais mieux vendre du tabac au rabais aux compatriotes de mon honnête pêcheur, que d'enivrer les Chinois avec de l'opium.

Notre opium était enfermé dans des boîtes en bois de quarante rouleaux; chaque rouleau équivalait à dix livres, de sorte qu'une boîte d'opium pesait quatre cents livres. La cargaison apparente était de coton, de salpêtre et d'ébène; mais nous avions à bord quatre cents boîtes d'opium.

Le capitaine, qui débitait l'opium, se tenait sur le pont dans un comptoir; on vendait par deux ou trois, et quelquefois par six ou huit boîtes à la fois. L'acheteur fournissait les sacs, et on lui livrait la marchandise sur un récépissé; les officiers de la douane ne restaient pas à bord comme dans les autres pays, mais ils montaient une grande chaloupe armée qui se tenait à l'arrière, et qu'on appelait bateau Hoppoo. Cet arrangement nous laissait passablement libres de nos actions; et quand un officier de la douane s'avisait de venir à bord, nous en étions toujours avertis d'avance. En ma qualité de sous-lieutenant, j'étais chargé de faire enlever les boîtes de la cale et de surveiller la livraison de l'opium; on ouvrait la boîte, on comptait les rouleaux, puis on les plaçait dans les sacs qui étaient de taille à être portés à la main. Tout cela se passait sur le pont; l'acquéreur était mis en possession de son opium et l'emportait à ses risques et périls.

Aussitôt que la marchandise était dans les sacs, on les plaçait auprès de trois sabords ouverts au milieu du vaisseau, et l'on suspendait au-dessus un signal auquel on répondait de la plage; aussitôt les bateaux contrebandiers se mettaient en marche; c'étaient des embarcations longues, légères, munies d'un double banc de rames, et montées souvent par soixante hommes; elles étaient armées et volaient comme des flèches. Quand tout était prêt, elles paraissaient subitement sur l'eau, s'élançaient le long du vaisseau et trouvaient aux sabords les employés de l'acquéreur qui jetaient les sacs dans les bateaux et s'y précipitaient ensuite. Cette opération s'effectuait en moins de deux minutes.

Aussitôt que le bateau Hoppoo s'apercevait de la fraude, les douaniers soufflaient dans des conques pour donner l'alarme, et l'une des barques de la douane se mettait à la poursuite des contrebandiers ; il m'a toujours semblé que les douaniers avaient peur d'en venir aux mains avec les délinquants, ou qu'ils étaient payés pour ne pas faire leur devoir ; je n'ai jamais vu ni combat ni saisie, bien qu'on m'en ait cité de rares exemples ; je suppose qu'en Chine, comme dans les autres contrées, les employés sont quelquefois de fidèles exécuteurs de la loi, mais que la plupart du temps ils jugent à propos de fermer les yeux. Si la connivence des officiers de la douane justifie la contrebande en Chine, elle la doit justifier également à Londres et à New-York.

Outre la fraude des objets d'importation, nous faisions celle des articles d'exportation, entre autres d'une espèce de métal qui était en feuilles, comme l'étain ou le cuivre ; les bateaux fraudeurs nous l'apportaient, on le jetait à bord par les mêmes sabords qui livraient passage à l'opium, et nous l'arrimions à fond de cale. Ces manœuvres avaient lieu en plein jour, jamais pourtant personne n'a songé à suivre la marchandise interlope sur le vaisseau ; et quand elle y était entrée on la regardait comme à l'abri de toutes poursuites.

Le patron avait une gratification d'un dollar de Chine par chaque boîte d'opium vendue ; ma part sur les quatre cents boîtes se monta à cent trente-trois de ces dollars, ou environ cent seize des nôtres.

J'ajouterai qu'acheteurs et vendeurs se trompaient à qui mieux mieux, ils se regardaient réciproquement comme des fripons ; et au lieu de faire aux autres ce qu'ils auraient voulu qu'on leur fît, ils les traitaient comme ils pensaient qu'on les traitait eux-mêmes.

L'Espérance appareilla aussitôt que son opium fut vendu et se rendit à Calcutta ; je me mis à apprendre le bengali, et avant de quitter la contrebande, j'en savais assez pour diriger un vaisseau dans cette langue. Les Lascars grimpaient aux mâts comme des singes, mais ils manquaient de force ; il en fallait vingt pour ferler une voile de hunier, dont six de nos matelots viennent facilement à bout ; ils étaient d'une taille au-dessous de la moyenne, grêles, et ne se nourrissaient guère que de riz. Nous avions pour eux un mode de punition très-singulier ; nos manœuvres dormantes étaient de cordes d'herbe, et assez raboteuses pour couper même les mains de ceux qui étaient accoutumés à les manier ; les enfléchures n'étaient pas, comme dans nos vaisseaux, amarrées aux haubans de l'avant et de l'arrière au moyen d'œillets, mais elles étaient retenues par un tour rond ; nous enlevions les enfléchures et disions aux Lascars de monter aux mâts. Ils prenaient alors les agrès entre l'orteil et le second doigt du pied, mais bientôt les aspérités des cordages les égratignaient, et ils demandaient à grands cris qu'on remît les enfléchures en place.

Ils étaient d'ailleurs soumis et respectueux ; nous en avions une vingtaine à bord de *l'Espérance*, et le maître d'équipage, avec quatre contre-maîtres, les maintenait sans peine dans leur devoir : il est vrai que ces cinq personnages appartenaient eux-mêmes à la race des Lascars. Le reste de l'équipage était de trente hommes, y compris les Européens, les chrétiens, comme on nous appelait.

A Calcutta, on chargea *l'Espérance* de coton, et l'on revint en Chine ; nous n'avions pas d'opium à bord, parce que la saison en était passée ; mais nous fîmes, comme devant, la contrebande des articles d'exportation ; nous retournâmes à Calcutta après un séjour de quelques semaines à Whampoa. Cependant *l'Espérance* mourait de vieillesse, et le capitaine Kyd dut songer à l'enterrer, de peur qu'elle ne lui servît de tombeau ;

elle ne faisait pas eau, mais il eût été dangereux de s'exposer sur ce navire à une forte bourrasque.

Un nouveau bâtiment, appelé *le Château-Fort*, avait été construit par le beau-père du capitaine Kyd, tout exprès pour lui ; c'était un grand et solide navire, qui promettait de bien marcher. Les officiers se transportèrent dessus, mais la plupart de nos Lascars refusèrent de s'embarquer par suite d'une querelle avec le maître d'équipage. Nous fûmes donc obligés d'embarquer d'autres Lascars que nous ne connaissions point.

Suivant une loi en vigueur à Calcutta, s'il arrive malheur à un navire avant d'entrer en mer, les matelots gardent la paye de deux mois qu'on est dans l'usage de leur avancer. *Le Château-Fort* partit pour Bombay avec une faible cargaison ; nous avions descendu la rivière, mis le pilote à terre et faisions voile pour notre destination, quand des flammes sortirent de l'écoutille d'avant. Des câbles d'herbes et de vieux cordages destinés à faire du bitord, étaient amoncelés dans cette partie du navire, et brûlaient comme de l'amadou. Je descendis avec les officiers, et jetai la poudre à la mer ; mais il était inutile de songer à éteindre le feu. Par bonheur, deux bricks pilotes étaient encore auprès de nous, et nous reçurent à leur bord. *Le Château-Fort* brûla jusqu'à la ligne d'eau, et nous vîmes sa quille s'enfoncer sous les flots ; c'était une courte carrière pour un aussi beau navire, dont tous déplorèrent la perte, excepté les misérables Lascars. Cet accident m'enleva tout ce que je possédais au monde, sauf quelques hardes que je sauvai dans une petite malle. Je n'avais pas d'argent, car Calcutta est une ville où l'économie est inconnue. Dans un pays où c'est une distinction que d'être blanc et chrétien de nom, on doit soutenir sa dignité par un peu d'extravagance.

Le capitaine Kyd, convaincu que les Lascars avaient mis le feu au bâtiment, nous fit tous débarquer dans l'île du Tigre. Le *serang*, ou maître d'équipage, se chargea des fonctions de juge d'instruction ; j'étais présent, et je fus frappé de sa manière de procéder. Les Lascars se partagèrent en cercles, de vingt ou trente hommes chacun, et le maître d'équipage se plaça au centre ; il mit dans la main de chaque homme un peu de poudre blanche, en lui ordonnant de cracher dessus. D'après ses idées, l'innocent devait cracher sans difficulté, tandis que la bouche du coupable serait trop sèche et trop pâteuse pour que les glandes salivaires fonctionnassent. Par ce moyen, le serang se procura dix coupables, qui furent expédiés à Calcutta pour y être jugés. J'ai appris ensuite que ces dix hommes avaient avoué leur crime, qu'ils avaient accusé deux autres Lascars, et que tous les douze avaient été pendus près du château William. J'ignore les détails du procès et de l'exécution, mais j'ai vu de mes propres yeux l'épreuve du crachement, et les Lascars la considéraient comme très-sérieuse ; jamais des criminels devant une cour d'assises n'ont montré plus d'émotion que n'en manifestèrent les Lascars en présence du maître d'équipage.

J'étais sans emploi ; le capitaine Kyd m'offrit de forts appointements si je voulais être employé dans une plantation d'indigo ; comme je ne buvais jamais en mer, et que je m'étais conduit de manière à mériter sa confiance, il me pressa d'accepter ces propositions ; mais je refusai par crainte de mourir victime du climat.

Mes chagrins s'étaient calmés, et je désirais revoir ma patrie. Je m'embarquai comme matelot de la misaine sur un navire de Philadelphie, appelé *le Benjamin Rush*. De retour à New-York, je dissipai promptement mon argent, et me remis en mer comme second lieutenant à bord du *Trio*, en charge pour Batavia. Pendant court espace de temps, je passai successive sur plusieurs bâtiments ; puis, par un brusque caprice, je m'enrôlai dans la marine de l'État. Je me fis inscrire au rôle d'équipage de *la Constellation*, qui allait partir pour la station des Grandes-Indes à Norfolk. J'y demeurai attaché pendant cinq années entières ; mais vers la fin de la croisière, j'eus le malheur de me casser la jambe en tombant du haut d'une vergue.

Dès que je fus guéri, ma blessure me donnant droit à une pension, je me rendis à Washington.

Le capitaine Mix m'avait remis une lettre de recommandation pour le commodore Chauncey, qui vivait encore à cette époque, et pour l'un des commissaires de l'amirauté. J'étais bien convaincu que le vieux gentleman ne souffrirait pas dans la détresse un de ceux qui avaient vu périr *le Fléau* ; je me rendis donc au ministère, et je fus admis auprès de lui. Le commodore témoigna beaucoup de joie de me revoir ; il me fit beaucoup de questions sur la perte du schooner, et me traça une ligne à suivre pour arriver à mon but. Je trouvai que mon ordonnance de pension était bien parvenue à Washington, mais qu'on l'avait renvoyée à Pensacola pour y faire rectifier des inexatitudes. Cet incident me forçait de faire un séjour à Washington, ce qui me contraria, et je rentrai à mon logement muni de ces nouvelles.

Elles parurent peu satisfaire mon hôte, et il me donna à entendre qu'il fallait que je cherchasse un autre gîte. C'était la première fois que je me voyais mis à la porte ; mais ce qui me console, c'est que cela soit arrivé dans une maison à soldats. Je laissai en gage à mon hôte mon chétif équipage, et je quittai sa maison.

De récents excès avaient sans doute attiré sur moi un accès de délire. J'errai dans les rues, et je croyais apercevoir des ricanements sur le visage de tous les passants. Quoique mourant de soif, je n'osai entrer nulle part pour demander seulement une goutte d'eau. Un nègre m'indiqua le chemin du dock, et je m'y dirigeai, plus disposé à la mort qu'à toute autre chose. Parvenu au milieu du terrain vague qui sépare le Capitole du dock, je m'assis sur une palissade élevée qui se trouvait là, et le démon glissa dans mon esprit l'idée de terminer mes souffrances intolérables en me pendant à cette fatale palissade. J'ôtai la cravate que j'avais au cou, je la roulai en forme de corde, et je fis quelques pas pour me disposer à l'amarrer à l'un des poteaux de la palissade.

Je m'arrêtai, et me mis à chercher des yeux un poteau convenable, lorsqu'en jetant les yeux autour de moi, mes regards rencontrèrent les hautes œuvres des navires du dock, et le pavillon sous lequel j'avais longtemps servi. Ces objets firent sur moi le même effet que la vue d'un phare sur un marin en détresse au milieu de l'Océan, et je pensai que je devais trouver là des amis. Le courage et la force me revinrent, et je ne voulus pas que l'histoire d'un matelot, pendu volontairement à un poteau dans un accès d'ivresse, vînt jamais frapper les oreilles de quelque ancien lieutenant. Je déroulai ma corde, je replaçai ma cravate à mon cou, et me dirigeai vers ces hauts mâts bénis, où, grâce à Dieu, devaient se trouver les moyens de ne pas m'abandonner à un suicide.

Arrivé à la porte du dock, la sentinelle de la marine me cria :

— Holà ! Myers, d'où sortez-vous ? Vous avez la figure d'un homme qui sort de l'enfer et qu'on a battu avec un sac de suie.

Cet homme, le premier que j'aie aperçu au dock, avait servi avec moi pendant trois ans sur *la Constellation*, et m'avait reconnu malgré ma figure piteuse. Il m'engagea à aller à bord du *Fulton*, mouillé à ce moment dans le dock, où, me dit-il, je trouverais d'anciens camarades qui auraient grand soin de moi. Je suivis son avis, et en arrivant à bord je rencontrai sur ce navire plusieurs marins de ma connaissance. L'un m'apporta du thé, l'autre du grog.

Je leur fis le récit de mes aventures, et tous ceux qui m'écoutaient formèrent le projet de descendre pendant la nuit à terre et de démolir la maison dont j'avais été expulsé; mais je les détournai de leur dessein, et l'hôte l'échappa belle.

Quelques instants après, je me dirigeai vers une maison meublée non loin du dock, et j'y entrai avec une lettre par laquelle mes vieux camarades de mer répondaient du logement qui me serait loué. Mais le maître de la maison ne voulut pas de cet engagement; il me dit qu'il me recevrait sans répondant, et que jamais jaquette-bleue dans le malheur n'était obligé de le quitter. J'établis donc là mes pénates et y passai une excellente nuit; le lendemain j'étais un tout autre homme, bon à monter sur un pont de navire, et je me rendis de nouveau au ministère.

Tous les employés des bureaux se montrèrent disposés à m'être agréables et me donnèrent de bons avis. Le chef du bureau des pensions me donna une lettre pour M. Boyle, l'agent principal, lequel m'en remit une autre pour le commodore Patterson, le chef du dock. Il paraît que le gouvernement entretient une maison meublée pour recevoir les pensionnaires comme moi qui se trouvent à Washington pour faire valoir leurs droits. Une lettre de M. Boyle m'ouvrit cette maison. On y est entretenu de tout, et on a même à sa disposition des vêtements et tout ce qui peut contribuer à la propreté. J'y demeurai six semaines. Par l'intermédiaire du payeur je reçus de celui de New-York une assez jolie somme, et je recommençai à vivre avec sobriété et honorablement sous tous les rapports.

La maison où j'étais ainsi établi est une espèce de demi-hôpital, et peut offrir l'hospitalité à six ou huit pensionnaires. Plusieurs d'entre nous étaient couverts de blessures ; un, entre autres, le nommé Rouben-James, avait servi sur les vaisseaux de guerre dès sa plus tendre jeunesse.

Cet homme passait pour avoir sauvé la vie du commandant Decatur, devant Tripoli, mais il m'avoua qu'il n'en était rien. Il avait été présent au combat, il avait abordé avec Decatur, mais sans avoir l'occasion de le préserver des coups de l'ennemi. Il avait été souvent blessé, ses excès de boisson avaient aggravé l'état d'une ancienne blessure, reçue dans la guerre de 1812, et l'on venait de lui amputer la jambe.

Pendant la nuit où *le Fléau* coula, j'avais reçu

un coup de la poulie de l'écoute du foc. Il s'était développé à l'endroit blessé une tumeur qui était devenue aussi grosse que le poing. Je la montrai à James, qui m'adressa au docteur Foltz. Ce chirurgien examina mon bras, et jugea une opération indispensable; je ne m'en souciais guère, mais James m'y détermina.

— Croyez-vous, me dit-il, qu'il soit agréable d'avoir un monticule sur le bras? faites-vous-le enlever; ça ne sera pas très-douloureux. Si je vous montrais ma jambe de bois, vous verriez que j'ai dû souffrir bien autrement. Allons, du courage! un vrai marin, quand il a atteint un certain âge, doit avoir subi une amputation ou quelque chose d'analogue.

Je me décidai, et le docteur Foltz me fit l'extraction d'une tumeur qui pesait une livre trois quarts; il me drogua pendant une semaine, et au bout d'un mois de traitement il déclara que j'étais propre au service actif.

Je touchais une petite pension de trois dollars par mois, pour la blessure que j'avais reçue à bord de *la Constellation*. Les commis entendirent parler de la tumeur qu'on m'avait extraite, et me dirent que je pourrais obtenir une autre pension pour cela. Je vis le secrétaire, M. Paulding, qui eut la bonté de rechercher qui je pourrais appeler en témoignage. On écrivit au capitaine Deacon, l'officier qui commandait *le Grondeur;* mais il ne pouvait rien affirmer, attendu que je n'avais jamais été à son bord. Toutefois il m'écrivit une lettre pour m'inviter à venir le voir; mais il est mort avant que j'aie eu la possibilité de lui rendre visite.

M. Traut était mort depuis plusieurs années; et quant à M. Bogardus, je n'ai jamais su ce qu'il était devenu, il n'était pas sur la liste de promotion, et je suppose qu'il avait quitté la marine à l'époque de la paix. En consultant les registres, on finit par trouver le nom de Samuel Bryant, que j'avais sauvé dans le canot après le sombrage du *Fléau.* Il était pensionné pour la blessure qu'il avait reçue à Little-York, et demeurait à Portland, dans l'État du Maine, sa patrie. M. Paulding me conseilla d'en tirer une attestation, car tous les employés du département de la marine semblaient désirer que j'obtinsse quelque chose de mieux que trois dollars par mois. Je promis d'aller voir Samuel Bryant, et de lui demander un certificat.

En quittant Washington, je me rendis à Alexandrie, et de là à New-York, sur le brick *l'Isabelle.* Là, pour me guérir de mes blessures et m'ôter l'occasion de boire, j'entrai à l'hospice des marins, dans l'île des États, où je passai une semaine. Je rentrai ensuite à bord de l'*Espérance*, en charge pour Rotterdam ; mais le bâtiment était si mal équipé que je le pris en aversion. A Rotterdam, on nous paya une partie de notre solde ; et je m'empressai de la dépenser dans les tavernes du port. Je demandai mon reste et le capitaine le refusa. Une querelle s'ensuivit, et je jurai d'abandonner le navire. Après une courte discussion, le capitaine sortit en laissant mon argent sur la table de la cabine.

— Vous vous repentirez de me quitter, me dit-il.

Je ne croyais pas que l'avenir prouverait la vérité de sa prophétie.

Il y avait dans le port de Rotterdam un navire américain appelé *le Platon*, et je songeai à m'y embarquer. Le patron du *Platon* passait cependant pour être dur comme un Tartare, et beaucoup de matelots hésitaient à se ranger sous sa loi. Nous le sondâmes, et il nous manifesta l'intention de prendre un équipage exclusivement composé de Hollandais. Je me présentai alors au commandant du *Stadtdeel*, bâtiment de la compagnie hollandaise des Indes, en charge pour Java. J'étais dans un accès d'humeur noire. Suivant l'usage des gens qui ont de justes reproches à s'adresser, j'étais irrité contre le monde entier. Je me considérais comme un paria, oubliant que j'avais abandonné mes parents, mon maître, les amis qui étaient disposés à me rendre service en toute occasion. Mon caractère était naturellement enjoué, et j'attribue à la boisson la tournure sombre qu'il avait prise. La mer était mon unique refuge contre les excès, car la discipline et la nécessité réprimaient à bord mes funestes inclinations.

Cinq matelots de *l'Espérance* s'embarquèrent à bord du *Stadtdeel*. J'ignore ce que se proposaient mes collégues ; mais mon intention était de doubler le Cap et de ne jamais revenir. Je n'étais pas étranger au commerce de cette partie du monde, et il présentait des chances de fortune. Je pouvais trouver à m'employer avantageusement entre Bombay et Canton ; sinon, j'avais la ressource des îles et de l'océan Pacifique ; j'étais apte à toutes les fonctions d'un marin, plein de force et de santé, et je savais que les gens de ma nature étaient recherchés partout.

Nous allâmes rejoindre *le Stadtdeel* à Dort. Il était prêt à mettre à la voile ; mais, comme nous étions en Hollande, où l'on marche à pas lents et sûrs, il resta six semaines à Dort. C'était un bâtiment de la grandeur d'une frégate, armé de douze canons et monté par quarante hommes ; cet équipage, trop faible pour un pareil navire, présentait un étrange assemblage de marins, dont la plupart appartenaient aux contrées septentrionales de l'Europe. On y voyait des Russes, des Danois, des Suédois, des Prussiens, des Anglais, des Américains et une minorité de Hollandais. L'un des lieutenants et deux sous-officiers savaient quelques mots d'anglais. Nous fûmes contraints d'apprendre, tant bien que mal, le hollandais, qui me sembla n'être autre chose qu'un anglais bâtard. Avant notre départ, nous étions en état de comprendre les commandements ordinaires.

Tant que l'on resta à Dort, nous fûmes passablement traités. Le travail était rude et le temps froid ; mais j'étais endurci à la fatigue et aux intempéries. Je recevais huit dollars par mois, et j'en avais abandonné dix-huit à bord d'un navire américain ; je devais ces avantages à une misérable boutade.

Aussitôt que *le Stadtdeel* fut dans le courant, un changement notable s'opéra dans le régime. Jusqu'alors la nourriture avait été mauvaise, mais suffisante ; on nous rationna, et les coups de corde commencèrent à pleuvoir sur les épaules des matelots. Par des motifs qui sont inexplicables pour moi, aucun Américain ne fut frappé ; seulement on nous accabla d'injures en hollandais, que nous rendîmes avec usure en anglais : l'expression des physionomies servait d'interprète aux uns et aux autres.

Il est presque inutile d'ajouter que les matelots anglais et américains se repentirent promptement de leur démarche. Quant à moi, je regrettais sincèrement *l'Espérance;* et la prophétie du capitaine se réalisa plus tôt que lui-même ne l'avait prévu. Mes dégoûts étaient, au reste, pleinement justifiés, quoique je méritasse la peine que je subissais pour avoir si aveuglément accepté une place dans une marine inférieure sous tous les rapports à celle des États-Unis. Le pain était sans doute salutaire à bord du *Stadtdeel,* mais il était d'une couleur noire à laquelle nous n'étions pas habitués, puis nous n'en avions que cinq livres chacun par semaine; dans la marine américaine, un matelot a par semaine sept livres d'un pain aussi bon que celui des meilleures tables.

On ne nous donnait qu'un bon mets à bord du *Stadtdeel.* Tous les matins on nous servait un plat d'orge bouillie, que je trouvais délicieuse et qui me donnait la vigueur nécessaire pour faire mon service ; cette orge bouillie est un des plus excellents mets que j'aie goûtés en mer, et je crois qu'il serait utile de l'introduire dans notre diète de bord. La bonne nourriture enfante la bonne besogne.

Comme tous nos mouvements s'accomplissaient lentement, et en ordre, le navire demeura trois semaines à Helvœtsluys, pour y attendre des passagers. Pendant ce temps, les trois matelots anglais et les deux Américains conçurent le projet de s'emparer d'un canot, de traverser la Manche et de se diriger en Angleterre; nous aimions mieux nous exposer à tous les risques d'une pareille entreprise que de faire un voyage de long cours sous un régime aussi détestable.

Enfin nous eûmes tous nos passagers, consistant en une famille, dont le chef était ou avait été amiral dans la marine hollandaise. Il allait résider à Java avec sa femme, plusieurs enfants, une dame de compagnie et des domestiques. Le vent étant favorable, on mit à la voile, de conserve avec *le Platon*, au mois de mai 1839.

Il y avait alors trente-trois ans que je m'étais mis en mer pour la première fois. Depuis cette époque, j'avais couru tous les parages, au péril de ma vie et de ma santé, et j'étais arrivé, après tant d'efforts, à avoir une misérable place sur un bâtiment étranger. Grâce à Dieu, ce voyage, qui s'annonçait sous de si fâcheux auspices, eut une issue plus heureuse que celle de mes autres traversées.

Aucune occasion d'exécuter nos plans ne se présenta pendant que nous descendions la Manche. Il ventait si frais qu'il eût été difficile de mettre un canot à la mer; notre mécontentement s'accroissait de jour en jour. Il n'y avait que deux Hollandais sur l'avant; l'un d'eux, qui avait été soldat, ne comprenait pas merveilleusement les manœuvres nautiques. Un jour le capitaine s'emporta contre lui et l'accabla de coups de corde. L'intervention des dames arracha le malheureux à la fureur de son bourreau, qui lui ordonna de se rendre à l'avant; là, le pauvre diable reçut du second une nouvelle volée. Il descendit ensuite dans l'entre-pont. Le lieutenant, ignorant sans doute ce qui s'était passé, s'aperçut de l'absence de l'ex-soldat, courut à sa recherche, et le battit encore cruellement. Dans l'excès de son désespoir, la victime se jeta à la mer à l'avant du boute-hors des bonnettes de bâbord; on vira aussitôt et l'on mit une embarcation à la mer, mais le navire filait huit nœuds, et l'homme était à jamais englouti!

L'effet que produisit sur nous cette scène fut profond et sombre. Un équipage américain dont l'un des membres eût été ainsi maltraité se serait indubitablement assuré des officiers, et les aurait tenus prisonniers jusqu'au port. Les châtiments personnels sont peut-être nécessaires pour la répression de certaines natures rebelles, mais il faut en être avare, et ne jamais oublier qu'on a affaire à des hommes.

Avec une douzaine de matelots qui partageaient notre indignation, nous résolûmes de mettre les embarcations à la mer dans le détroit de la Sonde, d'y déposer des provisions et de l'eau, et d'abandonner le bâtiment. Nous étions certains de trouver dans ceux qui ignoraient le projet, sinon des complices, du moins des partisans tacites. Ce plan de révolte, dont j'étais l'un des principaux chefs, est le seul dans lequel je suis entré, et je me félicite qu'il n'ait pas été suivi d'effet. Les officiers étaient si généralement détestés qu'il n'aurait pu s'accomplir sans effusion de sang. En outre, quel eût été le sort d'une bande de marins abordant à un port anglais sur des chaloupes? On les eût probablement accusés de piraterie, et exécutés tous ou en grande partie.

Le Stadtdeel avait passé l'île de Saint-Paul, et nous attendions avec impatience qu'il entrât dans le détroit de la Sonde, quand un accident suspendit l'exécution du complot, et changea le cours de mes idées pour le reste de mes jours. A l'appel du quart de minuit à quatre heures, par une nuit orageuse, le bâtiment ayant tous ses ris pris aux huniers et la grande voile ferlée, je montai sur le pont pour me rendre à mon poste. Au moment où je franchissais une pile d'espars, un violent tangage me jeta sur le côté. Je tombai sur le pont de toute ma hauteur, et j'en éprouvai une souffrance si aiguë qu'il s'écoula quelques minutes avant qu'on pût me toucher pour me relever. On m'emporta dans la timonerie, où l'on me coucha tout habillé sur le caillebotis. Quand il fut possible de me déshabiller, le docteur me rendit visite, et ne me trouva point de blessure apparente ; mais j'avais tous les membres brisés, et je ne pouvais me remettre que lentement d'une aussi terrible secousse.

Livré à moi-même, ayant conservé toute ma liberté d'esprit, je fis de sérieuses réflexions, et me reprochai avec amertume mes fautes passées. Mes camarades vinrent me voir à la dérobée ; et revenant sur mes premières intentions, je leur fis sentir la folie de leur complot.

— Nous sommes venus volontairement à bord, leur dis-je, et nous n'avons pas le droit d'être juges dans notre propre cause. Nos chefs sont blâmables sans doute, mais n'êtes-vous pas révoltés de l'idée d'abandonner en mer un navire sur lequel se trouvent des femmes et des enfants ? Si nous le quittons, il fera vraisemblablement naufrage, et nous, poussés sur des côtes qu'habitent les Malais, nous courrons risque d'être massacrés ; de sorte que nous aurons fait le mal sans aucun avantage personnel, et au péril de notre vie.

Mes camarades approuvèrent mes raisons, jurèrent de renoncer à leur projet, et me tinrent parole.

Je passai deux mois sur mon caillebotis. Le second refusa de m'envoyer à l'hôpital de Batavia, et je suivis le bâtiment à Torrayal, puis à Sourabaya. Ce ne fut qu'à notre arrivée à Samarang que je pus me relever et reprendre une partie de mes occupations. J'éprouvai peu de jours après une rechute, et je fus débarqué à Batavia.

Avant d'entrer à l'hôpital, je changeai une chemise contre une Bible que possédait l'un de mes compagnons américains. Mes yeux étaient fatigués, et il m'était impossible de lire sans lunettes. Je me procurai quelques roupies par la vente d'une cravate noire, et je m'achetai une paire de lunettes. Aussitôt que je fus à même d'étudier l'Écriture (1), je me sentis riche et heureux.

Ramené par des douleurs trop réelles dans cet hôpital où vingt années auparavant j'avais simulé une maladie, au milieu d'hommes dont j'ignorais la langue, je m'occupai uniquement de méditer l'Ancien et le Nouveau Testament. Un Lascar converti, qui se trouvait dans la même salle que moi, et savait un peu d'anglais, me donna un recueil d'hymnes composées par un homme qui avait été marin comme moi, et avait mené une vie exemplaire après une jeunesse presque aussi orageuse que la mienne. Il me procura aussi un exemplaire de la *Marche du Pèlerin*, et les enseignements de ces livres ramenèrent mon âme à des sentiments de piété et de componction.

Au bout de huit mois je fus en état de marcher avec des béquilles, mais j'avais perdu tout espoir de me rétablir jamais. J'avais le plus vif désir de revoir mon pays d'adoption, car mes ressentiments, mes résolutions, mes idées misanthropiques avaient été dissipés par mon amélioration

---

(1) Est-il possible d'imaginer qu'un individu ne sachant pas un mot de religion puisse tout seul parvenir à en connaître les preuves, l'origine, la nécessité, etc., en lisant une Bible souvent tronquée et dépourvue d'ailleurs de toute explication fournie par une autorité compétente?

(*Note des Éditeurs*).

morale. Mais, malgré mes infirmités, ma santé avait été raffermie par la tempérance ; et n'ayant goûté pendant longtemps que des médecines, je ne me sentais pas cependant le moindre désir de boire.

Le capitaine du *Stadtdeel* avait déposé ma paye entre les mains d'un marchand de Batavia, qui refusa de me la remettre sous prétexte que l'on avait déjà beaucoup trop dépensé pour moi. Je m'adressai alors au consul américain, qui me reçut avec bonté : on m'avertit toutefois qu'on ne pouvait rien faire pour moi si je ne renonçais à mes prétentions ; et comme mes appointements étaient minimes, je les abandonnai sans regret.

Le consul m'obtint un passage gratuit sur *le Platon*, ce même bâtiment qui avait quitté Helvœtsluys en même temps que nous. Il était en charge pour Bremen-Haven.

Je n'avais point parlé d'argent au consul, ayant quitté son bureau avec l'espoir de tirer quelque somme des mains du marchand ; j'allai le trouver au moment où il partait pour la campagne, et je ne pus obtenir d'audience. Je n'avais point mangé depuis le matin ; harrassé de fatigue, je m'assis sur des caisses vides et me proposais d'y rester jusqu'au matin. Dormir en plein air avec l'estomae vide, dans cette ville et dans cette saison, c'était s'exposer à une mort presque certaine; si j'échappais à la fièvre, je courais risque d'être dépouillé et massacré par des Malais. La Providence prit soin de moi. Un Portugais, commis du marchand, me rencontra et m'emmena chez un vieux nègre converti au christianisme.

Nous eûmes beaucoup de peine à obtenir l'accès de sa maison; le vieux nègre disait que les Anglais et les Américains étaient si pervers qu'il les appréhendait tous. Cependant s'apercevant à mes discours que je n'étais pas un de ces païens chrétiens, il changea de langage et me reçut cordialement. Il me servit à souper, envoya chercher mon coffre, et le reçut avec un lit et trois couvertures, présent du charitable commis. Ce noir, qui avait quelques ressources, était aussi sur le point de quitter la ville. Avant de partir il me demanda si j'avais une Bible, je lui répondis affirmativement; toutefois il m'obligea d'accepter une Bible en anglais, langue qu'il parlait à merveille. A cette Bible était annexé un recueil de prières à l'usage des matelots. J'acceptai son livre, et je l'ai toujours conservé.

Le vieillard partit en me laissant avec son fils. Celui-ci me voyant lire le *Pilgrim's progress*, me demanda la permission d'examiner cet ouvrage ; puis il me supplia de le lui donner, disant qu'il avait deux sœurs qui seraient enchantées de l'avoir. Je ne pus le lui refuser, et il me promit en place un autre livre de piété, *la Chute et le Progrès*, par Doddridge. Il partit ensuite pour rejoindre son père à la campagne, et une demi-heure après un domestique m'apporta le livre promis. Je trouvai un dollar américain collé sur l'une des pages avec un pain à cacheter. Je regardai cette circonstance comme une preuve que le Seigneur ne m'abandonnerait point. Toute cette famille me semblait pieuse, et les domestiques malais, que les maîtres m'avaient laissés à la maison, s'entretinrent avec moi une partie de la nuit des vérités de la religion.

Le lendemain ils me donnèrent à déjeuner et portèrent mes effets à bord du *Platon*. Le bâtiment mit à la voile pour Bremen, on toucha à Sainte-Hélène pour faire de l'eau ; et comme Napoléon était mort, on nous laissa débarquer sans difficulté.

De Bremen, le navire partit pour New-York, où il arriva au mois d'août 1840. Je me rendis immédiatement à l'hospice des marins. Le médecin m'annonça que je ne recouvrerais jamais complètement l'usage de mes membres, mais que mes jambes se fortifieraient, et que j'arriverais à me passer de béquilles. En effet, je ne souffre plus, quoique je sois toujours faible et obligé de m'appuyer sur une canne.

Après être resté un mois à l'hospice, je rédigeai une pétition pour demander à être admis dans un asile pour les matelots, établi également dans l'île des États. On n'y accordait entrée qu'à ceux qui présentaient des garanties et avaient navigué cinq ans sous pavillon américain. J'avais navigué pendant trente-deux ans ; j'avais appartenu à soixante-douze navires différents, et j'avais fait sur quelques-uns plusieurs voyages. J'avais en somme passé au moins un quart de siècle en mer.

Fatigué de mes excursions, corrigé par l'âge de mes écarts, je songeais à la retraite. Mon bulletin de pension était entre les mains des commis de New-York. Je me présentai à eux ; on constata mon identité, et je sortis du bureau des pensions avec cinquante-six dollars dans ma poche. J'étais riche, eu égard à mes habitudes réglées et à ma sobriété. Je retournai à l'île des États, et me présentai au vénérable capitaine Wheaton, directeur de la maison d'asile des matelots. J'y fus reçu sans difficulté, le 17 septembre 1840, et je n'ai cessé d'y demeurer. L'asile des matelots est connu sous le nom de *Sailor's snug Harbour*, l'hospice voisin s'appelle *Sailor's Retreat*. On reçoit dans le premier les marins invalides, et ils sont entretenus leur vie durant au moyen d'un legs fait, il y a quelques années, par un ancien armateur, dont les restes reposent en face de l'édifice. L'hospice n'admet que des marins malades, qui y séjournent jusqu'à leur guérison.

Voyant ma subsistance assurée, je songeai à ma famille, et j'appris que ma sœur s'était fixée à New-York. Je la revis après une séparation de vingt-cinq ans, et j'appris d'elle que mon père était mort sur le champ de bataille, sans qu'elle pût me donner de plus amples renseignements sur lui.

J'avais toujours conservé un bon souvenir du capitaine Johnston, et le hasard me mit sur ses traces. M. Wheaton m'avait nommé bibliothécaire de l'établissement. En montrant un jour la bibliothèque à des visiteurs, je les entendis parler de Wiscasset, et leur demandai des nouvelles de mon ancien maître. J'appris avec joie qu'il vivait encore. Au mois de septembre 1842, je fis le voyage de Wiscasset, et fus reçu par le capitaine et ses sœurs comme l'enfant prodigue. Le capitaine avait renoncé au service, mais il était resté armateur, et possédait un navire de cinq cents tonneaux qu'il avait nommé *le Sterling*, du nom de notre ancien bâtiment.

Je passai plusieurs semaines à Wiscasset ; durant ce temps, le capitaine Johnston et moi parlions souvent du passé et de nos anciens camarades qui étaient encore vivants. Je lui demandai s'il avait souvenir d'un individu nommé Cooper, qui avait navigué avec nous sur *le Sterling*.

— Oui, dit-il, et je crois que c'est le capitaine Cooper ; il est toujours au service.

— Vous vous trompez, lui répondis-je ; je l'ai cru longtemps avec vous, mais j'étais à bord de *l'Hudson*, à New-York, quand le capitaine Cooper visita ce bâtiment ; en entendant prononcer son nom, je montai sur le pont pour le voir, et me convainquis, par le témoignage de mes propres yeux, que ce n'était pas mon ancien camarade. Il y a dans la marine américaine deux capitaines Cooper, le père et le fils, mais ni l'un ni l'autre n'ont été à bord du *Sterling*; j'ai entendu parler d'un certain Cooper, de Cooperstown (État de New-York), auteur de romans maritimes et d'une histoire de la marine américaine. J'ai idée que c'est notre ancien camarade.

Le capitaine dit qu'il me croyait dans l'erreur, mais je résolus d'éclaircir le fait à mon retour à New-York.

Je dois dire que les hommes qui sont reçus dans l'asile des matelots, s'ils se conduisent bien, jouissent de la liberté d'aller et de venir à leur gré. Ils ne sont soumis qu'aux entraves que nécessite le maintien du bon ordre ; car leur bonheur est l'unique objet que se soit proposé le fondateur.

Dès que je fus à New-York, au mois de novembre 1842, j'écrivis à M. James-Fenimore Cooper, et j'en reçus une réponse qui commençait par ces mots :

« Ned, je suis votre ancien camarade. »

Il me disait en même temps qu'il m'avertirait lorsqu'il viendrait à New-York.

Au printemps de 1843, M. Blancard, maître de l'hôtel du Globe, me fit dire que Fenimore Cooper était à New-York, et qu'il désirait me voir. Je me rendis en ville le lendemain ; mais je n'eus pas le bonheur de le rencontrer. Après une seconde visite inutile, je rôdais dans la Grand'Rue, quand mon ancien commandant à Pensacola, le commodore Bolton, passa, donnant le bras à un étranger. Je saluai le commodore, qui me répondit par un signe de tête. L'étranger se retourna, et cria tout à coup :

— Ned Myers !

Je reconnus sa voix, quoique je ne l'eusse pas

entendue depuis trente-sept ans ; c'était mon camarade du *Sterling*, celui qui a écrit les présents mémoires d'après ma narration verbale.

M. Cooper m'invita à passer quelque temps chez lui ; j'y consentis de grand cœur, et nous arrivâmes à Cooperstown au mois de juin 1843. Cooperstown est un charmant village, dans une contrée pittoresque, et sur les bords d'un lac de neuf milles de long. Je n'étais jamais entré si avant dans les terres, sauf à l'époque où je servais sur le lac Ontario. Bien que ce village fût situé dans une vallée, M. Fenimore Cooper me dit que le sol était élevé de douze cents pieds au-dessus du niveau de la marée haute. Les nuages me semblaient si bas, que je croyais presque les prendre avec la main, et l'air, ainsi que le pays, avait un aspect tout nouveau pour moi.

Mon ancien camarade me conduisit souvent en bateau sur le lac, dont la navigation n'est pas sans danger. Le vent y souffle souvent de deux ou trois différentes manières en même temps ; tout en errant sur cette grande pièce d'eau, je racontai à M. Cooper les incidents de ma vie aventureuse, et il pensa que la publication en serait utile. Je lui donnai des détails précis, et c'est ma vie tout entière qu'il a fidèlement consignée dans ce livre.

Il est temps maintenant de conclure ; quand un homme a dit tout ce qu'il avait à dire, il ne saurait prendre trop tôt le parti du silence.

Je suis aujourd'hui à l'époque la plus calme et la plus heureuse de ma vie. Rien ne manquerait à ma satisfaction, si je n'étais las de l'oisiveté ; j'aurais besoin d'occuper mes loisirs, et je ne désespère pas de trouver un genre de vie plus convenable à l'activité qui me reste. Mes forces reviennent graduellement ; j'ai des amis plus que je n'en mérite, et je me propose de chercher un emploi.

Mon plus vif désir est que ce tableau des dangers et des fatigues d'un marin puisse inspirer à une grande et utile classe de la société de salutaires réflexions. Cet argent, dont j'ai disposé plus mal que si je l'avais jeté dans la mer, cet argent, employé à de pernicieux excès, aurait pu former un capital qui aurait assuré la tranquillité de mes vieux jours. Il est rare qu'un matelot ne puisse gagner cent dollars par an, mes voyages m'ont souvent rapporté le double ; et cent dollars par an, au bout de trente années, mettraient un homme dans l'aisance pour le reste de sa vie. En outre, la possession d'une petite fortune inspirerait aux matelots le désir d'obtenir de l'avancement ; et des milliers d'individus qui végètent dans les fonctions subalternes seraient officiers depuis longtemps s'ils pouvaient s'attirer la considération qui s'attache à la propriété.

J'ai rapporté fidèlement le passé, l'avenir est entre les mains de Dieu.

DÉCOUVERTE

DE LA PERTE DE L'ÉRÈBE ET DE LA TERROR

(EXTRAIT DES NAUFRAGES CÉLÈBRES).

———

Depuis de longues années, les Anglais avaient fait mille tentatives pour trouver un chemin vers les Indes à travers l'effrayant dédale d'îles, de terres, de canaux, de détroits, qui, au nord du pays des Esquimaux et dans l'océan Glacial arctique, sous le nom de mer de Baffin, détroit de Davis, détroit d'Hudson, détroit de Barrow, détroit de Lancaster, détroit de Franklin, détroit de Mac-Clintock, détroit de Melville, détroit de Mac-Clure, canal de Fox, canal du Prince Régent, golfe de Boothia, conduisant entre le Groënland et les îles de Cumberland, Cockbrun, aux îles Parry, à la Terre Victoria, à la Terre du roi Guillaume, et à une infinité de rivages, sans aucun habitant, parmi des bancs énormes de glaces, au pôle nord, sans avoir laissé trouver encore de véritable débouché sur la grande mer de l'océan Pacifique.

Dans ces derniers temps, un des plus intrépides chercheurs de cette voie tant désirée fut le commandant John Franklin. Excellent navigateur, il s'obstinait à trouver ce que la nature avait si précautionneusement caché et défendu d'une manière formidable.

Enfin, en 1845, il prépara une nouvelle expédition dans ce but. Elle se composa des deux navires l'*Érèbe* et la *Terror*. Le 25 mai, elle s'éloigna des côtes de l'Angleterre, suivie de tous les vœux des nombreuses familles qui comptaient des membres sur ces deux vaisseaux destinés à courir les plus grands dangers. Mais, dans ces familles, personne ne fit plus de vœux ardents pour le succès de l'expédition, et personne ne pria davantage pour les intrépides marins qui la composaient, que la femme du commandant, lady Franklin.

Hélas! malgré vœux et prières, il arriva pour sir John Franklin et ses deux vaisseaux l'*Érèbe* et la *Terror*, en 1847, ce qui était arrivé à notre La Pérouse et à ses deux frégates la *Boussole* et l'*Astrolabe*, en 1789. A un moment donné on n'entendit plus parler d'eux, et jamais plus on n'en eut de nouvelles.

Le gouvernement anglais, ou plutôt l'amirauté britannique s'émut. Elle expédia navires sur navires à la recherche de sir John Franklin et de ses équipages : elle dépensa plus de vingt millions de francs, sans que le résultat de ces recherches produisît le moindre succès.

On crut désormais impossible d'obtenir connaissance du sort qui avait été le partage des marins de l'*Érèbe* et de la *Terror*.

Mais ce que les hommes se lassèrent de poursuivre, une femme délicate, mais une femme pleine de tendresse pour son mari, le reprit avec zèle et fut assez heureuse pour le mener à bonne fin. Lady Franklin équipa des vaisseaux à ses frais, fit choix des hommes éclairés et ardents auxquels elle voulait confier la mission de rechercher les traces du voyage de son mari lui-même, car son cœur n'était pas sans espoir.

En dernier lieu, MM. Mac-Clure, sur l'*Investigator*, et Mac-Clintock, sur le *Fox*, s'enfoncèrent dans les profonds parages de l'océan Glacial arctique.

Le premier revint, découragé, sans avoir rien trouvé.

Le second, Mac-Clintock, plus heureux, rentra en Angleterre muni de toutes les preuves de l'hivernage et de la perte des vaisseaux l'*Érèbe* et la *Terror*, mais aussi de la mort fatale de sir John Franklin et de tous ses compagnons.

Après des dangers sans nombre au milieu de glaces effrayantes, dans le voisinage du pôle, et là où l'homme ne demeure jamais; après des souffrances inouïes qui faillirent être fatales à plusieurs des marins anglais, Mac-Clintock dut hiverner dans le détroit de Bellot, nom d'un jeune officier de marine Français, qui s'était associé aux Anglais, dans les recherches précédentes du sort de sir John Franklin, et que ses compagnons prirent en telle estime, surtout après sa mort cruelle, résultat de son dévoûment à la cause, que l'on donna son nom à un détroit, et qu'on édifia un magnifique monument à sa mémoire en Angleterre.

« Cet hiver, dit Mac-Clintock, fut le plus froid et le plus rude que j'aie jamais éprouvé dans ces régions. »

Puis il ajoute plus loin :

« Nos premières recherches du printemps commencèrent le 17 février 1859. Le 28, nous eûmes le bonheur de rencontrer quelques Esquimaux, dont le nombre s'éleva bientôt à quarante-cinq individus. »

Les Anglais étaient alors près de la Terre Victoria.

« Pendant quatre jours, nous demourâmes en relation avec ces bonnes gens. Nous en obtînmes plusieurs débris et la certitude que, plusieurs années auparavant, un navire avait été pris dans les glaces, au nord de l'île du roi Guillaume, mais que tout l'équipage, parvenu à descendre à terre sans danger, s'était dirigé vers la rivière du Grand-Poisson, où il avait péri jusqu'au dernier homme.

« Ces Esquimaux étaient bien fournis de bois, tiré, dirent-ils, d'un bateau abandonné par les hommes blancs, sur la Grande Rivière.

» Le 2 avril, commencèrent nos recherches finales.

» Le lieutenant Hobson m'accompagna jusqu'au cap Victoria. Nous avions chacun, outre un traîneau tiré par quatre hommes, un traîneau auxiliaire tiré par six chiens.

» Avant de nous séparer, nous rencontrâmes deux familles d'Esquimaux, vivant sur la glace, dans des cabanes faites de neige. Elles nous informèrent qu'un second navire avait été vu près de l'île du roi Guillaume, et que, dans le courant de la même année, il avait été jeté et brisé sur la côte. Ce navire avait été pour eux une mine féconde de bois et de fer. »

Là, le lieutenant Hobson reçut l'ordre de son capitaine de faire des recherches sur le naufrage de l'*Érèbe* et de la *Terror*, en suivant toutes les traces qu'il trouverait au nord et à l'ouest de l'île du roi Guillaume.

Quant à Mac-Clintock, accompagné de sa petite troupe, il marcha le long des côtes de cette même île, visitant les cabanes de neige abandonnées, mais sans rencontrer d'indigènes jusqu'au 8 mai, où, près du cap Norton, il atteignit un village de neige contenant trente habitants. Ces Esquimaux vinrent à lui sans la moindre apparence de crainte ou d'agitation, quoique aucun d'eux n'eût encore vu aucun homme blanc en vie. Ils mirent beaucoup d'empressement à communiquer tout leur savoir et à échanger tous leurs produits : mais ils auraient tout dérobé aux Anglais si ces derniers n'y eussent pris garde. Les Esquimaux vendirent quantité de reliques des vaisseaux anglais, et ils en eussent livré bien davantage encore si les marins eussent eu des moyens de transport à leur disposition.

Les indigènes, en indiquant le nord-nord-est.

affirmaient qu'à cinq jours de marche dans cette direction, dont un sur la mer glacée, on arrivait au lieu du naufrage. Mais aucun d'eux n'y était allé depuis 1858, parce que leurs compatriotes avaient enlevé tout ce qui restait de débris.

La plupart de ces informations furent données par une vieille femme. Elle apprit aux Anglais que le bâtiment avait été jeté à la côte, et que plusieurs hommes blancs avaient succombé sur la route de la Grande-Rivière; mais ce ne fut que pendant l'hiver suivant que leurs cadavres, découverts par les Esquimaux, instruisirent ceux-ci de la triste destinée des *Kablounas*.

N'ayant pas l'espérance de rencontrer de nouveaux indigènes dans cette direction, les Anglais repassèrent sur l'île du roi Guillaume, et continuèrent d'explorer les rives sud sans aucun succès, lorsque le 24 mai, non loin du cap Herschell, ils découvrirent un squelette blanchi autour duquel se trouvaient quelques fragments de vêtements européens.

Après avoir écarté la neige avec soin, on découvrit ensuite un petit portefeuille contenant quelques lettres, qui, quoique bien gâtées, purent encore se déchiffrer. Aux vêtements on put reconnaître un garçon d'hôtel ou domestique d'officier. Sa position confirmait le dire des

Esquimaux, que les *Kablounas* avaient succombé, l'un après l'autre, sur le chemin qu'il avait pris.

Voilà quelles furent les découvertes de Mac-Clintock.

Mais voici ce que, de son côté, trouva le lieutenant Hobson :

A une petite distance du cap Victoria, il fut mis face à face avec des traces non douteuses de l'expédition de sir John Franklin, à savoir un très-large *cairn* de pierres, et, tout près, une petite tente avec des couvertures, des habits et d'autres objets de voyage. Le cairn — amoncellement de pierres cimentées — ayant été ouvert, on y trouva un morceau de papier blanc, ainsi que deux bouteilles cassées qui gisaient au milieu des pierres, mais rien de plus, bien que l'on ait fouillé le cairn et la terre qui le portait à plus de dix pieds de distance tout autour.

A environ deux milles plus loin étaient deux autres petits cairns qui ne contenaient ni traces ni reliques, à l'exception d'une pioche cassée et d'une boîte à thé encore pleine.

Jadis, en 1839, sir John Ross, explorant ces mêmes parages, pour trouver un passage dans le labyrinthe de ces mers glacées, avait élevé un cairn à l'extrême pointe Victory.

Dix-neuf ans plus tard, sir James Ross, neveu du précédent, alors envoyé à la recherche de sir John Franklin, s'était efforcé d'arriver à cette même pointe Victory.

Enfin, dix ans plus tard encore, c'est-à-dire le 6 mai 1859, le lieutenant Hobson y arrivait heureusement, en quête de ce même sir John Franklin, selon le récit que nous en faisons.

Il s'empressa de faire fouiller ce monument, et parmi les pierres du sommet il trouva une boîte de fer blanc contenant un court rapport.

Ce document, écrit sur parchemin, apprenait que le 28 mai 1845, tout allait bien à bord de la *Terror* et de l'*Érèbe*; que dans le courant de la même année 1845, qui avait vu leur départ d'Angleterre, ces deux navires avaient remonté le chenal de Wellington jusqu'à la latitude de 77°, et qu'ils étaient revenus par l'ouest de l'île Cornwallis prendre leur quartier d'hiver à l'île Beechey. Le 12 septembre de l'année suivante — 1846, — ils étaient bloqués dans les glaces par 69° 5' de latitude et 98° 23' de longitude ouest — de Greenwich, — à environ quinze milles du rivage nord-ouest de l'île du roi Guillaume. Ce fut là le théâtre de leur profond hivernage.

Autour des marges du premier de ces parchemins, on remarquait plusieurs observations additionnelles, ajoutées onze mois plus tard, — avril 1848.

Les navires n'ayant fait en vingt mois qu'une quinzaine de milles vers le sud, avaient été abandonnés trois jours auparavant. Sir John Franklin était mort depuis le 11 juin 1847, et neuf officiers et quinze hommes l'avaient déjà précédé ou suivi.

Les survivants de l'expédition, au nombre de cent cinq, avaient abordé sur ce point, sous le commandement du capitaine Crozier, et reconstruit sur l'emplacement du cairn de James Ross, détruit probablement par les Esquimaux, le cairn trouvé par Hobson. Leur intention était de partir le lendemain au matin pour la Grande Rivière de Back, et ce rapport, trouvé dans le cairn, était signé par Crozier, comme capitaine de la *Terror* et principal officier de l'expédition, et par Fitz-James, capitaine de l'*Érèbe*.

Il semble que les trois jours de marche écoulés entre l'abandon des navires et la date de cet écrit, avaient déjà épuisé les forces de ces malheureux, et il paraît qu'en se mettant en marche vers le sud, ils abandonnèrent en cet endroit une grande quantité d'habits, d'effets et de provisions de toutes sortes, comme s'ils avaient eu l'intention de se débarrasser de tous les objets qui pouvaient ne leur être d'aucune utilité. Après dix années écoulées, des pioches, des pelles, des ustensiles de cuisine, des cordages, du bois, de la toile et même un sextant portant le nom gravé de *Frédéric Hornby*. *R. N.* étaient encore épars sur le sol ou incrustés dans la glace.

Lorsque le capitaine Mac-Clintock, mandé par le lieutenant Hobson, l'eut rejoint, les deux officiers anglais se dirigèrent vers un grand bateau que le lieutenant Hobson, dans ses recherches, avait découvert quelques jours auparavant. Il paraît que ce bateau, destiné d'abord par les compagnons de Franklin à remonter la rivière du Grand-Poisson, avait été abandonné ensuite. Il mesurait vingt-huit pieds de long sur sept et demi de large. Sa construction était très-légère, mais le traîneau sur lequel il était placé était fait de chêne brut solide et pesait autant que le bateau lui-même. Une grande quantité d'effets fut trouvée en cet endroit. Un squelette même était à l'arrière du bateau, desséché et tapi sous un monceau de vêtements. Un autre squelette, plus endommagé, probablement par les animaux, gisait non loin de l'embarcation. Cinq montres de poche, des cuillers, des fourchettes en argent, des livres de religion, y furent aussi recueillis. Mais on n'y trouva ni journaux de bord, ni portefeuilles, etc. Deux fusils à deux coups, chargés et amorcés, étaient appuyés sur les côtés du bateau, probablement à la même place où les deux marins momifiés les avaient déposés onze ans auparavant. Il y avait enfin tout autour des munitions en abondance, trente ou quarante livres de chocolat, du thé, du tabac, etc. On fouilla vainement les habits et les carnets.

Il n'arriva rien ensuite de remarquable aux habitants du *Fox*, dans lequel ils remontèrent le 19 juin 1859. Ils s'étaient bien assurés que les côtes de la Terre du roi Guillaume n'avaient pas été visitées par les Esquimaux depuis l'abandon de l'*Érèbe* et de la *Terror*, puisque les cabanes et les articles délaissés par leurs marins n'avaient pas même été touchés.

Désormais, il n'y avait plus de doute possible sur le sort de sir John Franklin et de ses infortunés compagnons.

FIN.

Limoges. — Imp. E. Ardant et Cie.

Original en couleur
NF Z 43-120-8

LA CHINE

EXPLOITS DE BABYLAS TRICHON

Par EUGÈNE PARÈS.

LIMOGES
EUGÈNE ARDANT ET Cⁱᵉ, ÉDITEURS.

www.ingramcontent.com/pod-product-compliance
Lightning Source LLC
Chambersburg PA
CBHW060142100426
42744CB00007B/865